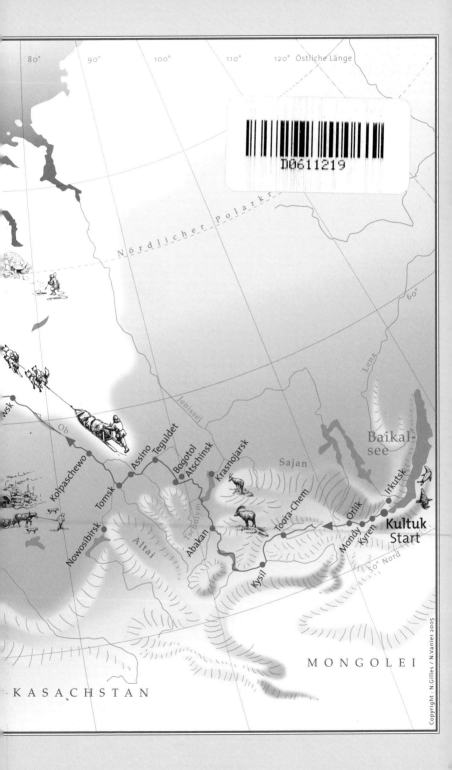

80°   90°   100°   110°   120° Östliche Länge

D0611219

Nördlicher Polarkr

60°

Jenissei

Lena

Baikal-
see

Ob

Irkutsk

Assino Teguldet
Bogotol
Atschinsk
Krasnojarsk
Sajan

Kolpaschewo

Tomsk
Tschulym

Toora-Chem

Orlik

Mondy
Kyren

**Kultuk
Start**

Nowosibirsk

Altai

Abakan

Kysil

50° Nord

MONGOLEI

KASACHSTAN

Copyright : N.Gilles / N.Vanier 2005

Nicolas Vanier

MEIN SIBIRISCHER WINTER

Nicolas Vanier

MEIN SIBIRISCHER WINTER

Mit Hundeschlitten
durch Taiga und Tundra

Mit 64 Seiten farbigem Bildteil und einer Karte

Aus dem Französischen
von Reiner Pfleiderer

MALIK

Mehr über unsere Autoren und Bücher:
www.malik.de

Die französische Originalausgabe erschien 2006
unter dem Titel » L'odyssée sibérienne « bei
Éditions du Chêne in Paris.

Von Nicolas Vanier liegen auf Deutsch bereits vor:
Die weiße Odyssee
Das Schneekind
Das Schneekind – Das Album
Der Sohn der Schneewüste
Der weiße Sturm
Gold unter dem Schnee

FSC
Mix
Produktgruppe aus vorbildlich
bewirtschafteten Wäldern und
anderen kontrollierten Herkünften
Zert.-Nr. GFA-COC-1262
www.fsc.org
© 1996 Forest Stewardship Council

ISBN 978-3-89029-347-9
© 2006 Éditions du Chêne – Hachette Livre/TF1 Éditions
© der deutschsprachigen Ausgabe:
Piper Verlag GmbH, München 2008
Satz: seitenweise, Tübingen
Druck und Bindung: Pustet, Regensburg
Printed in Germany

Inhalt

EINS

Der Baikalsee

ES IST EIN MAGISCHER ORT, IDYLLISCH UND FASZI-
nierend. Ein schöner Ort als Ausgangspunkt für eine
Expedition. Ein riesiger See, der ein Fünftel der welt-
weiten Süßwasserreserven birgt, umgeben von majestätischen Bergen, deren Wälder und Almen bis an sein
kristallklares Wasser hinabreichen.

Ich kenne ihn gut, den Baikalsee. Im Jahr 1990, als
ich ganz Sibirien von Süden nach Norden durchquerte, von der Mongolei bis hinauf in die Arktis, habe ich
zusammen mit drei Gefährten auf diesem See, der so
groß ist wie ein Meer, nahezu tausend Kilometer in
einem alten Fischerkahn zurückgelegt. Ich darf also
behaupten, dass ich ihn ein wenig kenne. Bei dieser
Fahrt im Spätsommer, bei der wir von der Morgen-
bis zur Abenddämmerung gemächlich am Ufer ent-
langruderten, hatte ich genug Muße, um im wech-
selnden Tageslicht seine verborgensten Winkel zu entdecken.

Auf dieser Reise schenkte mir eines Tages ein Trapper einen sechs Monate alten Hund, der Otchum hieß,
benannt nach einem kleinen, heute verschwundenen
Volksstamm, der einst im Norden des Sees gelebt hat.

Otchum wurde mein erster Schlittenhund. Er ist der Großvater der zehn Hunde, die mich diesmal begleiten. Schöne Hunde, kräftig und ausdauernd. Wir werden zusammen ein ganz besonderes Abenteuer erleben, denn es wird mein letztes sein.

Das letzte einer langen Reihe, mit denen ich im Alter von sechzehn Jahren begann, als ich dem Schoß der Familie entfloh, um meine Kindheitsträume zu verwirklichen, die alle jenem Teil der Welt galten, den ich schon damals die »Länder da oben« nannte. Lappland, die Halbinsel Kola, die Karpaten Rumäniens, Alaska, Quebec oder die Rocky Mountains, die ich mit meiner Frau und meiner kleinen Tochter bereist habe, der hohe Norden Kanadas ... Seit nunmehr bald dreißig Jahren bin ich ständig auf Achse.

Am Ende dieser Reise werde ich einem Fußballspieler gleichen, der eines Tages seine Stiefel an den Nagel hängen und seine Profikarriere beenden muss. Aber man kann ja auch als Amateur weiterspielen, und danach sehne ich mich heute. Einfach wieder mit meinen Hunden auf Reisen gehen, bescheidenere Projekte in Angriff nehmen, Projekte, die keine aufwendigen Vorbereitungen erfordern, keine Sponsorensuche, keine Medienberichterstattung.

Mit alldem möchte ich mich nicht mehr belasten. Aber es gibt noch weitere Gründe.

Ich reise nicht mehr wie früher, staunend, verzückt von der Schönheit der Welt und ihrer weißen Weiten, denn diese Weiten sind nicht mehr so weiß, wie sie es einmal waren. In den letzten Jahren hat sich die Situation dramatisch verschlimmert. Die Folgen sind überall zu erkennen. Besonders alarmierend ist der beklagenswerte Zustand unseres Planeten im äußerst empfindlichen hohen Norden. Deshalb habe ich den Kontakt zu Menschen gesucht, die sich mit dieser Materie auskennen, und ich habe gelernt. Heute reise ich nicht mehr mit derselben Unbekümmertheit. Ich weiß um den Ernst der Lage und die Vergänglichkeit dieses Lebens, das allenthalben bedroht ist. Bald werden sich meine Träume in Albträume verwandeln. Das Meereis, über das ich so gern gereist bin, wird geschmolzen sein …

Am Ende dieses großen Projekts will ich mein Leben einer anderen Sache widmen. Ich habe die Absicht, mich anderweitig nützlich zu machen. Ich möchte der Natur all das zurückgeben, was sie mir bis heute geschenkt hat.

Diese Durchquerung Sibiriens ist also ein Abschied und zugleich ein Neubeginn, denn das von uns ins Leben gerufene Umwelterziehungsprojekt, das wir mit dieser Reise verbinden, verleiht ihr eine ganz besondere Bedeutung.

Ich reise nicht mehr nur zu meinem Vergnügen und dem, andere Menschen daran teilhaben zu lassen, sondern in dem erklärten Willen, auf die Probleme aufmerksam zu machen und auf die Notwendigkeit hinzuweisen, endlich zu handeln, damit künftige Generationen Eisbären nicht nur unter der Rubrik »ausgestorbene Tiere« in Büchern bewundern können.

Im November 2005 kehre ich also tief bewegt an den Baikalsee zurück.

Wir schreiben den 15., und der Winter lässt auf sich warten. Es liegt kein Schnee, und der See ist noch nicht zugefroren, nicht einmal teilweise. Man spricht hier von Klimaanomalien.

Trotzdem sind wir alle da, die Hunde, mein Team und ich, und brennen darauf, nach monatelangen Vorbereitungen und Schikanen der Behörden endlich loszulegen. Letztere verfolgen uns bis hierher, denn aus undurchsichtigen Gründen, wie sie von nicht immer ehrlichen Vertretern der Obrigkeit in solchen Dienststellen gern vorgeschoben werden, rückt der Zoll meinen Schlitten nicht heraus.

Die Tage gehen dahin, und wir müssen ein kleines Vermögen berappen, damit der Schlitten freigegeben wird. Doch wie es aussieht, wird er nicht so bald durch Schnee gleiten, denn es liegt überhaupt keiner. Und mit einem Hundeschlitten loszufahren, wenn kein Schnee liegt, ist ungefähr so, als wollte man mit einem Schiff losfahren, obwohl kein Wasser da ist.

Ich bin deprimiert, aber ich gebe mich nicht geschlagen. Noch nicht.

In einer Werkstatt in der Nähe von Lyon habe ich mir einen fahrbaren Untersatz mit Rädern und Bremsen anfertigen lassen, den ich unter die Kufen meines Schlittens montieren kann. Dieser Rollwagen war eigentlich für die Fahrt durch die Moskauer Vororte und Innenstadt gedacht, wo ich, wie ich jetzt schon weiß, keine Schneepiste finden werde, sofern dort Ende März überhaupt noch Schnee liegt.

Im Moment ist er noch auf unserem Anhänger verstaut, der voll bepackt ist mit Ausrüstung und Hundefutter. Dieser Anhänger wird von Hafen zu Hafen fahren – so nenne ich die Ortschaften, die an meiner Route liegen. Ich bezeichne sie deshalb so, weil der Schlittenreisende wie ein Seemann von einem Hafen zum anderen reist, nämlich möglichst schnell und mit möglichst wenig Gepäck. Nur mit dem einen Unterschied, dass der Seemann den Wind nutzt und der Musher (so heißt der Schlittenlenker) sich der Kraft der Hunde bedient.

Diese famose Kraft muss der Musher bewahren und sorgsam hüten wie ein Feuer, das nicht verlöschen darf. Vom ersten bis zum letzten Tag seiner Reise und erst recht auf einer so gewaltigen wie dieser: achttausend Kilometer, nach vorsichtiger Schätzung. Ich werde auf diesen Punkt noch zurückkommen, denn er ist enorm wichtig.

Im Moment haben meine zehn Hunde mehr als genug von dieser Kraft, denn sie trainieren seit Monaten auf höchstem Niveau. Sie sind in der Lage, in weniger als sechs Stunden hundert Kilometer zurückzulegen, ohne einmal anzuhalten.

Sie sind dazu in der Lage, und sie haben Lust dazu, denn – und das sei hier ausdrücklich betont – man kann einem Schlittenhund keine größere Freude machen, als ihn laufen zu lassen. Was der Himmel für den Vogel, ist eine Schneepiste für den Schlittenhund. Laufen ist sein Lebenszweck. Daher mein Zorn, wenn ich die armen Huskies in der Stadt sehe, die beim täglichen Gassigehen verzweifelt an ihrer Leine zerren.

Solche Hunde brauchen mehr, viel mehr. Sie zu lieben heißt, ihre Liebe am Laufen zu teilen und sich mit ihnen zu freuen, wenn sie über eine Piste jagen dürfen.

Zum großen Teil bin ich deswegen mit ihnen hier.

Nur haben wir leider keine Piste, denn es liegt kein Schnee. Zum Glück sind meine Hunde es gewohnt, auf der bloßen Erde zu laufen, denn sie haben monatelang unter solchen Bedingungen trainiert, zunächst auf Feld- und Waldwegen rings um unser Camp in Kanada, dann acht Wochen lang hier in den Wäldern und Bergen Burjatiens, wo mein Freund Sascha Romanow sie betreut hat. Wir hatten gehofft, wir könnten durch schönen Schnee gleiten. Aber nun werden wir die Räder montieren müssen. Gleich zu Beginn!

Es bleibt uns nichts anderes übrig, denn in der vagen Hoffnung auf baldigen Schneefall den Start hinauszuschieben würde meine Chancen, vor Ende März in Moskau anzukommen, gefährden.

Wir beschließen also, möglichst bald aufzubrechen, mit dem fahrbaren Untersatz über Straßen und Wege zu rollen und in größeren Höhen Schnee zu suchen.

Unser erstes Ziel ist ein Tal, das ich gut kenne, denn ich habe es im Jahr 1990 durchritten, nachdem ich die burjatischen Berge überquert hatte. Ein riesiges Tal mit einer einzigen geteerten Straße in der Mitte, die nach und nach in einen Feldweg übergeht. Dann und wann eine Stadt, dann Dörfer und schließlich nur noch Gehöfte, ehe der Weg wenige Kilometer vor der mongolischen Grenze endet. Dort, hinter der Ortschaft Orlik, erhebt sich das Hochgebirge, in dem ich Schnee finden werde. Mehr als fünfhundert Kilometer von hier.

Ich »erkläre« den Hunden die Situation, und am 1. Dezember 2005 verlassen wir den Stützpunkt des russischen Ministeriums für Katastrophenschutz bei Irkutsk, in dem man uns Unterkunft gewährt hatte. Unser Ziel ist die kleine Ortschaft Kultuk an der Südspitze des Sees, wo uns ein Boot erwartet. Am 2. Dezember 2005 soll dort der offizielle Startschuss für die sibirische Odyssee fallen.

Man fühlt sich an alte Fotos von den Expeditionen des französischen Polarforschers Paul-Émile Victor erinnert. Das Boot, dessen klobiger Motor knattert, als wollte er jeden Moment den Geist aufgeben, schiebt behäbig seinen alten Rumpf durch den dichten Nebel, und Eis überzieht die Brücke. Die Hunde, die zum Schutz vor Kälte und Nässe im Heck untergebracht sind, haben sich zu Kugeln zusammengerollt. Raureif bedeckt ihr Fell. Nach und nach reißt der Nebel auf, und die Ufer des Sees erscheinen im Dämmerlicht des Morgens.

An die Reling gelehnt, denke ich zurück an jene Reise, die ich 1990 unternommen habe. Ich sehe mich wieder zu Pferd, oben auf diesem Pass, von dessen Höhen wir nach dreimonatigem Ritt auf den großen See hinabblickten. Drei Monate lang war ich vollkommen in dieses Land eingetaucht, das mich, da unzugänglich und verboten, von jeher fasziniert hatte. Das war zu Beginn der Perestroika. Im Jahr 1988 hatte ich eine Öffnung für möglich gehalten. Es kostete mich ein Jahr zähen Ringens, bis Präsident François Mitterrand höchstpersönlich Michail Gorbatschow anrief und um die zuvor undenkbare Genehmigung bat, die ich benötigte, um eineinhalb Jahre lang ohne Aufpasser das Land bereisen zu können. Damals war ich der Öffentlichkeit und den Medien noch weitgehend unbekannt, und der Weg durch die Institutionen war eine wahre Ochsentour. Einige sagten seinerzeit, ich hätte Glück gehabt, denn vor mir waren viele mit demselben Ansinnen gescheitert. Ich dagegen glaube, es war vor allem eine Frage des langen Atems oder der Sturheit, man mag es nennen, wie man will.

Als ich eineinhalb Jahre später das Nordpolarmeer erreichte, wurde ich nur von ein paar Möwen begrüßt. Heute begleiten mich Millionen von Menschen mithilfe der Medien auf meiner Reise, und Hunderttausende Kinder beteiligen sich an dem Umwelterziehungsprogramm, das wir anlässlich dieses Projekts auf die Beine gestellt haben.

Die Zeiten, in denen ich mit einem Paar Schneeschuhen, einer Angelrute, etwas Proviant und einer alten Landkarte loszog, sind vorbei. Heute muss man Fotos machen und die Website mit Informationen füttern, mit denen die Schüler arbeiten können. Man muss das Terrain sondieren und hier und da Dreharbeiten organisieren.

Ein ganzes Team umgibt mich, reist mir voraus, arbeitet in Paris und hier vor Ort. Dieses Team soll mich unterstützen, doch gleichzeitig macht es das ganze System schwerfällig. Aber ich weiß, was ich will. Das Team ist ein notwendiges Übel.

Die Landschaft zieht vorüber, und wie um uns willkommen zu heißen, senkt sich Kälte mit Temperaturen bis $-25\,°C$ über das Land. Der Baikalsee hat sich zu Beginn dieses zu milden Winters allmählich auf fünf Grad abgekühlt, doch eigentlich sollte die Wassertemperatur schon gegen null gehen. Wegen dieses großen Temperaturunterschieds von über dreißig Grad dampft der See wie feuchte Wäsche. Die Sonne blinzelt durch den Dunst, den stellenweise eine leichte Brise zerreißt, und ein unwirkliches Licht ergießt sich über das dampfende Wasser.

Es ist bereits Nacht, als wir in den kleinen, heruntergekommenen Hafen von Kultuk einlaufen. Am halb verfallenen Kai recken zwei defekte Kräne noch Schrott in den Sternenhimmel. Mehrere Autos erwarten uns. Der Vertreter des Lokalfernsehens ist da. Er erbietet sich, Menschen, Hunde und Ausrüstung zu einer Isba* zu fahren, die man uns als Nachtquartier zur Verfügung stellt.

Die Fahrt verläuft zügig und ohne Zwischenfälle. Wir essen in aller Eile zu Abend, um noch ein paar Stunden Schlaf zu ergattern, denn morgen brechen wir auf.

Zu einer langen Reise …

* Russische Bezeichnung für ein bäuerliches Holzhaus oder eine Blockhütte.

ZWEI

Die Hunde

ES SIND ZEHN. ZEHN HUNDE, DIE ICH WENIGE METER neben dem Ufer nacheinander anschirre. Wir befinden uns in der Verlängerung einer Seitengasse, die vom See zu der großen Straße führt, der ich folgen werde. Ein paar Zentimeter Schnee bedecken sie. Das erlaubt mir, symbolisch mit dem Schlitten loszufahren. Aber sobald ich die Straße erreicht habe, werde ich die Räder montieren müssen.

Ich spanne Gao an der Spitze an, natürlich.

Gao nimmt diesen Platz schon lange ein. Er ist der geborene Leithund und war schon früh für diese Aufgabe wie geschaffen. Bereits als Welpe suchte er den Kontakt zu den Menschen, schien ihr Verhalten verstehen zu wollen, hörte mit erstaunlicher Auffassungsgabe auf seinen Namen, als seine Brüder aus demselben Wurf noch nicht einmal wussten, dass sie einen Namen hatten. Spricht man mit ihm, so sieht er einen mit leicht zur Seite geneigtem Kopf an, was typisch für Hunde ist, die alles zu verstehen suchen. Er war schon immer lerneifrig und ist es bis heute geblieben. Er will stets der Klassenprimus sein. Vergnügen und Phantasie bleiben dabei etwas auf der Strecke.

Am Stützpunkt Nikolai am Baikalsee, unserem Ausgangspunkt, warten die Hunde darauf, an Bord gebracht zu werden. Im Heck des Bootes finden sie ein bequemes Plätzchen. Die Überfahrt wird sechs Stunden dauern.

Rechts: Der Baikalsee ist ein riesiges Trinkwasserreservoir mit zum Teil über 1500 Metern Tiefe. Daher muss es sehr lange extrem kalt sein, bis er zufriert.

Abschlusstraining: Diese zehn Hunde habe ich aus meiner vierzehn-köpfigen Meute ausgewählt, die im Camp des Écorces, meinem kanadischen »Zuhause«, lebt und dort trainiert worden ist.

Quebec sieht seinem Großvater Otchum zum Verwechseln ähnlich. Ein unglaublicher Hund, immer zufrieden und neugierig auf alles.

Schlittenhunde werden häufig paarweise eingesetzt. Manche ziehen viel besser, wenn sie neben einem ganz bestimmten Hund angespannt werden. Umgekehrt können sie schwächeln, wenn sie neben einen Artgenossen gestellt werden, der ihnen Angst macht oder unsympathisch ist.

Abache, ein Rüde, ist in Charakter und Laufstil das »Weibchen« der Meute.

Harfang *(oben)* und Narsuak, die Unzertrennlichen. Die beiden verstehen sich so gut, dass sie je ein Auge getauscht haben.

Kurvik ist ein großartiger Schlittenhund. Seine Schnelligkeit und Ausdauer machen ihn zu einer wahren Lokomotive.

Hier ruhen er und Yukon sich aus.

Tchito während einer Trainingspause unweit des Camp des Écorces.

Was dem Seemann der Hafen, ist uns das Dorf. Dort machen wir halt, um uns auszuruhen und zu stärken, ehe wir wieder aufs Meer hinausfahren ... auf unser Meer aus Schnee.

Gao ist kein Spaßvogel. Er ist ein Arbeiter, gewissenhaft und fleißig. Seine übertriebene Vorsicht kann sich in bestimmten Situationen als hinderlich erweisen. Das ist beinahe sein einziger Fehler, denn er ist nicht nur intelligent, besonnen und eifrig, sondern auch ein hervorragender »Schlepper«. Leithunde, die ihre Zugleine so spannen, sind selten. Die meisten begnügen sich damit, das Gespann zu führen und die Kommandos des Schlittenlenkers zu befolgen, ziehen selbst aber nicht. Solche niederen Arbeiten überlassen sie lieber dem Rest der Meute, auf den sie etwas herabsehen. So hielt es auch der wunderbare Otchum, der ein Leithund der Extraklasse war. Er konnte an der Spitze wahre Wunder vollbringen, aber er wollte partout nicht seine Zugleine spannen, so wie der Chef einer Firma, der sich nicht die Hände schmutzig machen will und nur widerwillig Jackett und Krawatte ablegt.

Ähnliche Klasse hatte Cheap, die bei meiner Durchquerung des hohen Nordens Kanadas neben Voulk als Leithündin zum Einsatz kam und die Mutter der meisten Hunde ist, die ich diesmal dabeihabe. Sie gab sich nicht damit zufrieden, ihre Zugleine zu spannen, sondern machte den anderen Beine, wenn sie es etwas lockerer angehen ließen. Sie und Voulk, der am Ende seines Lebens sogar noch besser als Otchum wurde, bildeten ein außergewöhnliches Führungsduo.

Als Paar erfüllen Leithunde ihre Aufgabe nämlich am besten.

Mit Gao stehen mir mehrere Möglichkeiten offen. Heute Morgen entscheide ich mich für die vorsichtige Variante. Die Strecke, die wir heute zu bewältigen haben, gehört zu den stressigsten. Vor uns liegen über achtzig Kilometer auf einer stark befahrenen Straße, die zudem durch viele Ortschaften führt, in denen es Hunde, Kühe, Pferde und was weiß ich noch alles gibt, das geeignet ist, Hunde, die eine solche zivilisierte Umgebung nicht gewohnt sind, abzulenken, zu erschrecken oder nervös zu machen.

Ich habe davon geträumt, weit abseits der Straße auf einer schönen weißen Piste durch die Wälder oder über die Almen der schönen Berge zu gleiten, die zu beiden Seiten des Tales emporragen. Umso ernüchternder ist jetzt die Aussicht, mehrere Hundert Kilometer Asphalt »fressen« zu müssen.

Unter solchen Bedingungen geht mir Vorsicht vor Schnelligkeit. Deshalb spanne ich Churchill neben Gao an. Er ist gewissermaßen sein Doppelgänger. Bis auf den weißen Streifen zwischen den Augen, der bei Gao etwas größer ist, gleichen sich die beiden wie ein Ei dem anderen. Aber damit erschöpfen sich die Gemeinsamkeiten auch schon. Churchill hat nämlich überhaupt nichts von einem Leithund. Er ist der Senior der Meute, aber er kennt keinen Ehrgeiz. Ein sensibler und schwieriger Charakter, der schwer zu verstehen ist. Wie hat Sascha, der die Meute vier Monate lang trainiert hat, so treffend gesagt: Das ist ein Hund, den man für sich gewinnen muss. Churchill wirkt etwas verkniffen, und doch hat er etwas Rührendes, denn er gibt immer sein Bestes, solange man nicht zu viel von ihm verlangt. An der Spitze laufen? Meinetwegen, solange Gao das Sagen hat ... So tickt Churchill, der die Meute mehr liebt als die Menschen. Menschen machen ihm Angst, besonders Fremde. Er meidet Zärtlichkeiten und Liebkosungen, die andere

Hunde wie Taran oder Abache suchen und einfordern, auch auf die Gefahr hin, dass sie sich mit ihrem Gekläff und ihren Luftsprüngen, mit denen sie um weitere Streicheleinheiten betteln, lächerlich machen. Wenn er könnte, würde Churchill in solchen Fällen nur mit den Schultern zucken.

Für einen Platz an der Spitze eignet er sich vorzüglich. Bei ihm ist man vor bösen Überraschungen sicher, was man von Abache oder Yukon nicht behaupten kann. Die beiden sind immer auf eine kleine Abwechslung erpicht. Einem fremden Hund auf den Zahn fühlen oder einer Kuh in die Fesseln beißen, das ist manchmal einfach zu verlockend!

Churchill ist umsichtig und lässt es eher ruhig angehen, wenn er ganz vorn läuft. Aber das trifft sich gut, denn wie heißt es so schön: »Wer fern will reisen mit seinem Pferd, der muss es immer halten wert«! Zufällig haben wir achttausend Kilometer vor uns!

Heute Morgen freilich sind die Hunde außer Rand und Band. Am liebsten würden sie sofort losstürmen … und die ganze Energie freisetzen, die in ihnen steckt, denn in den letzten Tagen hatten sie wenig Bewegung. Aber wir dürfen uns nicht übernehmen. Wir haben kaum – 20 ° C, und der wolkenlose Himmel lässt einen warmen Tag erwarten, an dem man sich die Kräfte gut einteilen muss und kein zu hohes Tempo anschlagen darf, wenn man weit kommen will.

Ein Schlittentag gleicht einem Fußballspiel. Wie ein Trainer verfügt der Musher über Spieler, die er dort hinstellt, wo er sie benötigt. Jede Situation erfordert eine bestimmte Aufstellung, die von vielerlei Faktoren abhängt: dem Wetter, dem Zustand und Schwierigkeitsgrad der Piste, Freundschaften und Animositäten, dem Temperament des einen oder anderen ... Ein guter Musher zeichnet sich wie ein guter Trainer dadurch aus, dass er im richtigen Moment die richtige Mischung findet, im Team ein Klima wechselseitigen Vertrauens schafft und alle Akteure bei Laune hält.

Das macht diesen » Beruf « interessant und ist einer der Gründe, warum ich mich in ein solches Abenteuer stürze, bei dem Mensch und Tier Höchstleistungen bringen müssen, wenn sie bestehen wollen.

Ob die Hunde sich dessen, was heute Morgen geschieht, bewusst sind?

Ganz bestimmt, denn sie haben erstaunlich feine Antennen für die Schwingungen, die von den Menschen in ihrer Umgebung ausgehen, für die gesteigerte Aufmerksamkeit, die ihnen zuteil wird, die allgemeine Anspannung und Vorfreude, den Lärm und die Aufregung. Sie spüren genau, dass heute kein weiteres Training ansteht, sondern etwas anderes, Wichtigeres.

Ich merke es daran, wie mir Gao andächtig zuhört, wenn ich mit ihm spreche, wie seine Gefährten herumzappeln, knurren und bellen, wie sie in meinen Worten und Liebkosungen Ermutigung suchen.

Churchill und Gao werden also an der Spitze laufen. Jetzt muss ich noch acht weiteren Rennern Plätze zuweisen.

Manche Paare sind unzertrennlich, jedenfalls heute. Später kann ich kleinere Experimente wagen, denn es ist nicht gut, wenn man zwei Hunde niemals trennen kann.

Dies gilt für Kurvik und Yukon und für Narsuak und Harfang, die wie zwei Zwillingspaare sind.

Kurvik ist nach einem meiner früheren Hunde benannt, einem viel zu jung an Krebs gestorbenen Sohn Otchums. Er ähnelt seinem Vorgänger äußerlich und auf der Piste. Dasselbe gleichmäßig weiße Fell, derselbe Laufstil des unermüdlichen, exzellenten Trabers. Kurvik ist ein Phänomen. Er macht nie schlapp, auch nicht vorübergehend wie die meisten anderen Hunde, die sich nach einer besonders großen Kraftanstrengung auf einem kurzen Streckenabschnitt erholen müssen.

Auf der anderen Seite muss man leider feststellen, dass Kurvik nicht gerade mit Intelligenz gesegnet ist. Er ist ein Tollpatsch. So hat er zum Beispiel nie gelernt, wie man sich befreit, wenn man sich mit einer Pfote in die Leinen, die das Geschirr mit der Hauptzugleine verbinden, verwickelt hat. Die meisten Hunde kommen mehr oder weniger schnell dahinter, wie solche Knoten aufgehen, denn es sind immer die gleichen. Kurvik nicht! Er überlässt es dem Zufall, auch auf die Gefahr hin, dass er längere Zeit mit verhedderter Pfote weiterlaufen muss, was mich irgendwann zwingt, anzuhalten und ihm aus der Klemme zu helfen. Ein anderer Hund, dem ein ähnliches Malheur passiert und der beispielsweise mit einer Pfote auf die falsche Seite der Hauptzugleine gerät, befreit sich im Laufen innerhalb einer halben Sekunde durch einen wohlkalkulierten Sprung zur Seite.

Nein, Kurvik hat wahrlich kein Talent zum Leithund – er hat das ABC der Richtungskommandos noch immer nicht begriffen. Aber wenn es um Schnelligkeit geht, kann man ihn getrost neben Gao stellen, denn an der Spitze legt er ein Wahnsinnstempo vor.

Das zahlt sich besonders bei langen Anstiegen aus, denn Kurvik ist nicht nur ein unermüdlicher Renner, sondern auch ein exzellenter Kletterer. Bei allen Bergprüfungen, die wir in Kanada und anderswo zusammen absolviert haben, hat er das gepunktete Trikot des Bergkönigs gewonnen!

Bis auf Weiteres wird Yukon neben ihm angespannt, denn die beiden sind fast so unzertrennlich wie Harfang und Narsuak.

Yukon ist ein Dickschädel, mal etwas knurrig, dann wieder sehr verspielt, bisweilen hinterlistig und in der Lage, Zwietracht zu säen. Er neigt zu Schurkereien und hat obendrein Phantasie, was mich zwingt, ihn scharf im Auge zu behalten, wenn wir uns einem Dorf oder einer anderen Örtlichkeit nähern, die ihm Gelegenheit geben könnte, eine Dummheit zu begehen.

Wenn es nämlich einen Hund gibt, der niemals den Eifer derer bremsen wird, die von der vorgegebenen Route abweichen wollen, um an einer Kuh zu knabbern oder einem vorlauten Hofhund eine Abreibung zu verpassen, dann Yukon. An der Zugleine wie im Leben ist er zum Schlimmsten wie zum Besten fähig. Er kann den ganzen Tag unermüdlich ziehen und unglaubliche Entfernungen zurücklegen. Oder sich von der ersten bis zur letzten Minute vor der Arbeit drücken.

Hinter diese beiden stelle ich Taran und Abache. Zwei ganz spezielle Fälle.

Abache ist das Weibchen der Meute. Jedenfalls wirkt er so, obwohl er ein Rüde ist. Er ist eine richtige

Dame, immer gepflegt und auf sein Äußeres bedacht. Außerdem sehr verschmust und gut gebaut. Sein Gesicht ist wie gemalt, ebenmäßig und harmonisch. Sein Anblick entlockt einem ein Lächeln, denn er selbst scheint den ganzen Tag zu lächeln. Er freut sich des Lebens und fühlt sich in seiner Mädchenhaut wohl. Da er obendrein ein guter Läufer ist, passt er hervorragend in das Gespann. Sein einziger Fehler ist seine grenzenlose Neugier, die ihn stets glauben lässt, dass die Nachbarpiste die bessere sei. Wählt man von zwei parallel verlaufenden Pisten die rechte, dauert es kaum ein paar Minuten, bis Abache Sprünge nach links macht, um festzustellen, was auf der noch nicht getesteten Nachbarpiste geboten ist. Das kann ein Riesendurcheinander geben und am Ende dazu führen, dass die Meute plötzlich geschlossen abbiegt. Dann zum Beispiel, wenn Abache in Yukon einen Bundesgenossen und Komplizen findet. Sofort glauben alle oder zumindest ein paar Hunde, dem Richtungswechsel sei ein Kommando vorausgegangen, das sie überhört hätten, und traben hinterher ... Und während ich hinten vor Wut koche, kehrt Abache, hocherfreut über seinen Streich, unverzüglich auf die Piste zurück ... bis ihm in den Sinn kommt, eine andere auszuprobieren!

Taran ist eine Lokomotive. Sein Manko: Er scheint nie zu erlahmen und schreckt vor nichts zurück, auch nicht davor, eine Riesendummheit zu begehen. Im Unterschied zu anderen Hunden, die Fehler machen, weil sie Befehle nicht richtig verstehen, kann Taran einem Verbot zuwiderhandeln, das er genau begriffen hat – nur um des Vergnügens willen, etwas konsequent zu Ende zu bringen. Er ist intelligent und kennt

31

die wichtigsten Richtungskommandos gut. Aber würde ich ihn an einem Tag wie heute an die Spitze stellen, wären ein oder zwei größere »Ausflüge« die unvermeidliche Folge.

An der Spitze ist Taran ein Garant für hohes Tempo... und für unliebsame Zwischenfälle. Deshalb hebe ich mir diese Variante für später auf, wenn die Gelegenheit, Dummheiten zu machen, nicht mehr so groß ist.

Harfang und Narsuak. Wie hat Sascha so schön gesagt: »Sie verstehen sich so gut, dass sie ihre Augen getauscht haben.« Narsuak und Harfang haben nämlich verschiedenfarbige Augen, jeweils ein braunes und ein blaues. Aber seitenverkehrt, damit sie sich perfekt ergänzen.

Narsuak hat Ähnlichkeit mit Kurvik. Beide sehen aus wie ein weißer Wolf, beide haben einen kraftvollen, ruhigen Gang. Und doch sind sie einander so spinnefeind, dass ich sie nicht nebeneinanderstellen kann. Narsuak wirkt zwar wie ein Dauerläufer, hat aber nicht Kurviks Stehvermögen und lässt sich überhaupt nicht mit ihm vergleichen. Da er noch jung ist, verzeiht man ihm die fehlende Ausdauer, aber er muss sich steigern. Wir werden sehen.

Harfang ist der Faulpelz der Meute. Er ist immer der Erste, der um Streicheleinheiten bettelt, die Nähe des Menschen sucht und um seine Gunst buhlt, und immer der Letzte, der auf die Piste zurückwill. Das Ziehen überlässt er lieber den anderen, er selbst tut nur so und drückt sich vor der Arbeit. Auf Dauer geht das nicht nur dem Musher, sondern auch den

Hundekollegen auf die Nerven. Die Meute hat Harfang auf dem Kieker und drängt ihn in eine gewisse Außenseiterrolle. Daher sein gesteigertes Bedürfnis nach Zuwendung, die ich ihm gern gebe, denn trotz allem liebe ich diesen Hund.

Ganz hinten, also direkt vor mir, schirre ich Quebec und Tchito an.

Ach, Quebec! Ich muss gleich gestehen, dass er mein Lieblingshund ist, denn er sieht aus wie sein Großvater Otchum, den ich so sehr geliebt habe. Er ist sein genaues Ebenbild. Unglaublich.

Quebec ist ein Chef. Der Chef dieser Meute und ihr unumschränkter Herrscher. Er steht in der Rangordnung ganz oben, und niemand macht ihm diesen Platz streitig, auch wenn unter ihm Kurvik, Gao und Churchill um Rang zwei kämpfen.

Diese Rangordnung, und das stiftet häufig Verwirrung, entspricht nicht den Positionen, auf die man die Hunde im Gespann stellt. Sie ist im Leben einer Meute von größter Bedeutung und entspricht der Hierarchie, die in einem Wolfsrudel herrscht. Ein Chef und eine genau festgelegte Rangfolge. Jeder hat seinen Platz.

Quebec ist also der unbestrittene Chef. Und eine Frohnatur, die sich für alles interessiert. Den lieben langen Tag streckt er die Nase in die Luft, um seine unersättliche Neugier zu befriedigen. Eine im Wind tanzende Feder, mehr braucht er nicht zu seinem Glück! Er findet alles spannend, und obwohl er ein erstklassiger Schlittenhund ist, kräftig und ausdauernd, lässt er seinen Eifer bisweilen doch erlahmen, wenn er Abwechslung braucht. Im Gegensatz zu Kurvik kann er nicht stundenlang an der Spitze laufen, die Nase ununterbrochen auf der Piste.

Quebec freut sich immer, wenn wir aufbrechen, und wird etwas ungeduldig, wenn wir anhalten. Er mag es, wenn es vorangeht, und zwar zügig. Er steckt die anderen mit seiner Begeisterung an und knurrt ungehalten, wenn Bummelanten am Ende einer Pause weiterdösen, obwohl zum Aufbruch gerüstet wird.

Ein anderer Fall ist Tchito. Gewissermaßen ein Sonderfall, so einmalig ist er. Ein unglaubliches Gesicht: gerunzelte Stirn und Augen, in denen sich alles Leid dieser Welt versammelt zu haben scheint. Doch seine Leichenbittermiene macht ihn keineswegs unsympathisch, ganz im Gegenteil. Die Melancholie, die er verströmt, hat etwas Anziehendes. Häufig ist er der Liebling von Besuchern, die kommen, um sich das Gespann anzusehen. Er wirkt unter den anderen so deplatziert, dass er sofort auffällt.

Mit seinem Calimero-Gesicht* bringt er einen zum Schmunzeln, aber man hüte sich davor, ihn auszulachen, denn er ist und bleibt ein netter Kerl. Ein wahres Plüschtier – ein Schmoller, aber sympathisch. Er ist Quebecs Busenfreund und steht unter seinem persönlichen Schutz. Niemand sucht mit ihm Händel. Von Natur aus schüchtern und scheu, legt er seine sprichwörtliche Zurückhaltung nur ab, wenn es ans Fressen geht. Dann verliert er vollkommen die Beherrschung und fordert lauthals seinen Anteil! Auf der Piste ist er ein unvergleichlicher Marathonläufer, konstant und

---

* Benannt nach dem kleinen weißen Küken Calimero aus der gleichnamigen italienisch-japanischen Zeichentrickserie aus den Siebzigerjahren.

ausdauernd. Er schöpft seine Kraft daraus, dass er sie klug einteilt.

Diese zehn Hunde bilden ein schönes Gespann, mit Sicherheit das beste, das ich je hatte.

DREI

Der Start

» LOS, HUNDE!«

Das Kommando ist überflüssig.

Kaum ist die Leine, die sie zurückhält, gelöst, preschen sie los, begleitet von den Anfeuerungsrufen der wenigen Dutzend Schaulustigen und Freunde, die sich zu dieser frühen Morgenstunde in der Kälte versammelt haben.

Ich habe gar keine Zeit, zu realisieren, was geschieht. Die langen und mühseligen Vorbereitungen für dieses Projekt sind abgeschlossen, nun beginnt das Abenteuer. Doch meine Freude hält sich in Grenzen. Sie mischt sich mit Beklommenheit in Gedanken an die schwierigen Tage, die vor uns liegen.

»Richtig los geht es eigentlich erst«, habe ich kurz vor der Abfahrt noch zu Pierre gesagt, »wenn ich von der verdammten Straße herunter bin und endlich durch verschneite Weiten gleite.«

Doch im Moment gleite ich nur auf schneeähnlichem Untergrund durch ein Spalier aus Holzhäusern mit bunten Fensterläden. Ich verstehe nicht, warum Sascha mir aufgeregt zuwinkt und versucht, mich weit vor der

Kreuzung zu stoppen, an der, wie wir verabredet haben, die Räder montiert werden sollen. Ein Eisenbahngleis kreuzt die kleine Straße, und ein Lichtsignal warnt vor einem nahenden Zug! Ich brülle und steige mit meinem ganzen Gewicht auf die Bremse, doch sie greift nicht auf dieser lächerlich dünnen Decke aus Eis und Schnee, die den Asphalt überzieht. Erst in letzter Sekunde bringe ich das Gespann zum Stehen! Ein paar Meter weiter, und die Hunde wären unter den Zug geraten. Dreihundert Meter nach dem Start!

Der Zug donnert vorbei, und wir fahren direkt hinter ihm weiter und halten an der vereinbarten Stelle, an der uns ein Polizeiauto erwartet. Es wird den ganzen Tag vor uns herfahren.

Wir montieren die Räder, und weiter geht's.

Angst und Stress begleiten jede Fahrt auf Rädern. Ein rollender Schlitten ist schwer zu kontrollieren, obwohl die Hinterräder mit Bremsen ausgestattet sind, die es mir erlauben, das Tempo zu drosseln. Ein Schlitten wird hauptsächlich durch Kanteneinsatz gesteuert. Durch Verlagerung meines Gewichts auf die eine oder die andere Seite kann ich einem Hindernis ausweichen oder eine Kurve nehmen. Manchmal kippe ich den Schlitten sogar leicht auf die Seite und balanciere auf einer Kufe, damit die Kufenkante wie ein Ski im Schnee greifen kann. Aber mit dem fahrbaren Untersatz geht das natürlich nicht. Hilflos ist man der Fliehkraft ausgeliefert, die einen leicht aus der Kurve tragen kann. Ein wahres Martyrium!

Aber die Hunde machen ihre Sache glänzend, und wir kommen ohne Zwischenfall aus dem Dorf hinaus. Sie befolgen alle Kommandos, besonders in den Kurven, die sie ganz außen nehmen müssen. Ich unterstütze sie dabei, indem ich mich kräftig mit dem Fuß am Boden abstoße. Manchmal laufe ich sogar nach vorn zu Quebec, ergreife die Zugleine und helfe ihm, den Schlitten von einer Böschung oder einem Bürgersteig wegzuziehen.

Auch die Polizisten in dem vorausfahrenden Streifenwagen helfen uns. Sie stoppen entgegenkommende Autos oder veranlassen sie, langsamer zu fahren.

Am Ausgang des Dorfes atme ich ein wenig auf. Und als wir auf eine lange Gerade einbiegen, die keine Gefahren birgt, und die Hunde unter genüsslichem Knurren weiter ausgreifen, wage ich sogar ein zufriedenes Lächeln.

Trotz allem haben wir einen guten Start hingelegt!

»Ihr habt zwanzig Stundenkilometer drauf!«, ruft mir Sascha zu. Er fährt in einem klapprigen Kleinbus hinter mir her, zusammen mit ein paar Journalisten, die uns an diesem ersten Tag begleiten.

Sascha ist seit zwei Monaten in Russland. Davor hat er die Hunde zwei weitere Monate lang in unserem Camp des Écorces in Quebec trainiert. Hier wohnt er bei einer burjatischen Familie, die ihn wie einen der Ihren aufgenommen hat. Jeden Tag hat er mit den Hunden Runden gedreht und sie in Erwartung des Schnees, der nie kam, vor ein gemietetes Quad gespannt. Begonnen hatten wir mit dem Training dieser Spitzenathleten bereits im Juli in Quebec. Anfangs ließen wir sie fünfzehn Kilometer pro Tag laufen, zwischen fünf und sechs Uhr in der Frühe, um die verhältnismäßig kühlen Temperaturen am Vormittag zu

nutzen, später zwanzig, dann dreißig Kilometer ... Wohl wissend, dass die ganze Schwierigkeit
darin besteht, die Distanzen allmählich zu steigern
und darauf zu achten, dass die Hunde nach jedem
»Run« enttäuscht sind, weil sie nicht noch etwas weiter laufen dürfen. Tatsächlich »gewährt« man ihnen
dreißig Kilometer, wenn sie gern vierzig laufen würden, und so weiter. Dieser Frust ist der Schnelligkeit
förderlich. Hunde, die verinnerlicht haben, dass sie
nie so weit laufen dürfen, wie sie wollen, bilden sich
ein, dass sie weiter kommen, wenn sie einen Zahn
zulegen. Deshalb zerfallen die Trainingsläufe in zwei
Teile. Zu Beginn galoppieren sie mit einer Geschwindigkeit von über zwanzig Stundenkilometern. Dieses
Tempo können sie etwa eine Stunde halten. Danach
fallen sie in einen schnellen Trab, bei dem sie fünfzehn,
sechzehn Stundenkilometer erreichen und den sie
stundenlang beibehalten können. Je länger die Trai-
ningsdistanzen werden, desto rascher sollen sie den
Galopp aufgeben, damit sie ihren Rhythmus finden.

In der Tat soll das Training die Hunde befähigen, ohne
Pause und in flottem Tempo achtzig Kilometer zurückzulegen, ohne zu ermüden oder die Freude am Laufen
zu verlieren. Bei einem Rennen oder einem Abenteuer
wie diesem lautet das Ziel, möglichst schnell von A
nach B zu kommen. Jede Stunde, die man unterwegs
spart, ist eine zusätzliche Stunde Ruhe und Erholung.
Erreicht man zügig die nächste Ortschaft oder zumindest den nächsten Verpflegungspunkt, kann man mit
leichtem Gepäck reisen, und das wiederum bedeutet,
dass man noch schneller laufen und an diesen Verpfle-
gungspunkten folglich länger verschnaufen kann.

Was ich »Runs« nenne, sind Strecken von achtzig Kilometern. Das ist der Richtwert, den man bei der Planung der Reise zugrunde legt. Sind diese Tagesdistanzen erreicht, beginnt die zweite Trainingsphase, deren Ziel es ist, die Ruhezeiten, die das Gespann zwischen zwei Runs zum Regenerieren braucht, zu verkürzen. Von zwei Tagen und mehr bei Trainingsbeginn schrumpfen sie nach und nach auf ... zwei Stunden. Das macht einhundertsechzig Kilometer mit einer Ruhezeit von nur zwei Stunden nach halber Strecke.

In diesem Stadium sind die vierbeinigen Athleten fit für das große Abenteuer.

Nur wenige Gespanne auf der Welt sind zu solchen Leistungen fähig. Die meisten bestehen aus Hunden mit ziemlich schlankem (und immer schlankerem) Körperbau, die aus gezielten Kreuzungen von Huskies mit anderen Schlittenhunderassen und sogar Windhunden hervorgegangen sind. Diese Mischlinge, die man »Alaskans« nennt, sind wahre Rennmaschinen.

Solche Hunde stellen imponierende Rekorde auf, eignen sich jedoch nicht für Langstrecken, wie wir sie in Angriff nehmen. Sie sind enorm schnell, aber nicht besonders robust. Ihr Fell ist zu kurz, und ihre Pfoten sind zu empfindlich, kurzum, sie sind den Anforderungen nicht gewachsen.

Ich habe mir zum Ziel gesetzt, hundert Kilometer pro Tag zurückzulegen. Das verschafft uns einen kompletten Ruhetag pro Woche.

Aufgrund fehlender Erfahrung mit längeren Strecken hat Sascha das Trainingsprogramm, das wir aufgestellt hatten, nicht ganz zu Ende gebracht. Er hat aus übertriebener Vorsicht gesündigt. Das ist umso ver-

Eine Riesenenttäuschung: Es liegt
kein Schnee oder nur so wenig,
dass ich die Räder montieren muss,
die eigentlich für die Ankunft in
Moskau gedacht waren.

Sascha *(links)* hat die Hunde im Camp des Écorces und in Sibirien trainiert. Durch die Arbeit mit den Hunden verbindet uns eine gute Kameradschaft und tiefe Freundschaft.

Eigentlich waren die Booties (mehr als tausend) für später gedacht: Sie sollten die Hundepfoten schützen, wenn extreme Kälte den Schnee harschig werden ließ.

Das Team, von links nach rechts, obere Reihe: Thomas, Nicolas, Patricia, Pierre, Emanuel, Jean; *vorn:* Didier, Sascha und Rock.

Asphalt und Splitt auf den Straßen zwingen uns, den Hunden die Booties schon zu Beginn anzuziehen.

Auf Schotter und Asphalt verschleißen die Booties schnell und müssen alle paar Stunden gewechselt werden. Wenn das so weitergeht, werde ich bald keine mehr haben.

Endlich tauchen die Berge auf und vor allem, auf ihren Höhen, Schnee.
Endlich Schnee!

Die kleinen Dörfer mit ihren verzierten und bemalten Holzhäusern sind
eine wahre Augenweide.

Auf den Spitznamen »Choupinette«
hat Thierry Machado diesen
Kleinbus getauft, den er in den ersten
Tagen für Filmaufnahmen benutzt.

Der Vorteil der Straße ist, dass man das ganze Leben, das sich um sie herum abspielt, mitbekommt: Dörfer, Bauernhöfe, Haustiere und Fußgänger, die sich über den sonderbaren Reisenden wundern.

ständlicher, als den Hunden in einer wichtigen Phase das richtige Futter gefehlt hat.

Ich nehme mir also vor, das Trainingprogramm auf dem ersten Teil der Strecke vollends durchzuziehen, ohne die Distanzen in den ersten Wochen allzu sehr auszudehnen.

Wenn alles gut geht, haben wir heute Abend über siebzig Kilometer zwischen uns und den Baikalsee gebracht. Und es wird schon alles gut gehen! Nahezu zwei Stunden lang sind die Hunde mit über 20 km/h gelaufen und traben nun fröhlich mit rund 16 km/h dahin. Wir kommen gut voran.

Nur ihre Pfoten machen mir Sorgen.

Der Asphalt und der ihn bedeckende Splitt sind beileibe kein ideales Geläuf für die Sohlenballen der Hunde, die auf weicherem und weniger »aggressivem« Untergrund trainiert haben. Aus diesem Grund ziehe ich ihnen sogenannte Booties an – das sind Stiefelchen, mit denen man ihre Pfoten schützt, wenn der Schnee bei großer Kälte krustig wird. Aber auf dem Asphalt reißt der Stoff schon nach wenigen Kilometern. Deshalb behalte ich sie scharf im Auge und achte auf das kleinste Anzeichen von Schwäche.

Nach fünfzig Kilometern, die wir zu meiner Freude zügig zurücklegen, rasten wir an einem Fluss. Ich tränke die Hunde und verteile ein paar Snacks, und nach einer Stunde nehmen wir die restlichen zwanzig Kilometer in Angriff.

Die Abstände zwischen den Dörfern werden immer größer und lassen Platz für ausgedehnte Wälder, die wir mit umso größerem Vergnügen durchqueren, als

Autos immer rarer werden. Eine gewisse Ruhe kehrt ein. Eine Fahrt auf Rädern und Asphalt ist nun wirklich alles andere als ideal, und dennoch läuft mir bei diesem Auftakt ein Kribbeln den Rücken hinunter.

Meine Freude wird noch größer, als ich auf einer schönen Lichtung neben der Straße anhalte. Während ich unser erstes Lagerfeuer entzünde, machen es sich die Hunde auf den Kiefernnadeln bequem und aalen sich in den letzten Sonnenstrahlen.

Erst jetzt wird mir richtig bewusst, dass unsere Reise begonnen hat.

VIER

Auf der Straße

ICH BIN STOLZ AUF MEINE HUNDE, DENN SIE SCHLA-gen ein flottes Tempo an. Vor allem aber beeindruckt mich, dass sie schön rechts bleiben und in den Ort-schaften, durch die wir kommen, eiserne Selbstbeherr-schung beweisen. Dabei gäbe es weiß Gott genug Gründe und Anlässe, von der Straße abzubiegen: streunende Hunde, Kühe, Pferde, Ziegen und Schwei-ne. Für Jäger wie meine Hunde allesamt eine große Versuchung! Aber Gao passt auf und duldet nicht den kleinsten Abstecher.

Choupinette begleitet mich. So hat Thierry den klapp-rigen Kleinbus getauft, den das Team bis Orlik gemie-tet hat und der es ihm ermöglicht, ungewöhnliche Filmaufnahmen vom Auftakt der Expedition zu machen. Das Gute an Choupinette ist, und etwas Gutes muss er ja haben, dass das Team mit den Hun-den und mir in Kontakt bleiben kann. Später, auf der Piste, wird das viel schwieriger.

Es werden wahrlich ungewöhnliche Aufnahmen. Denn unpassend zu dem Bild dieses Schlittens auf Rädern stellt sich heute Morgen ein strenger Frost ein, der mich und die Hunde in Raureif hüllt. Eis umschließt meinen noch jungen Bart, und der Pelzsaum meiner Kapuze ist ganz weiß. Man würde erwarten, rings um uns eine tief verschneite Landschaft zu sehen, doch da ist nur vertrocknetes Gras am Straßenrand, und wir reisen in dem komischen Gefühl, dass etwas nicht stimmt. Und genau so ist es: Wir erleben eine Klimaanomalie. Dass hier kein Schnee liegt, ist ungefähr so, als würde an der Côte d'Azur einen ganzen August lang die Sonne nicht zum Vorschein kommen!

Das Problem ist, dass solche Klimaanomalien seit einigen Jahren gang und gäbe sind und dass sie hier Überschwemmungen, dort verheerende Dürren und wieder woanders Wirbelstürme verursachen. Heute wissen wir, dass der Mensch diese Veränderungen durch die Erhöhung der Treibhausgaskonzentration in der Atmosphäre herbeiführt und dass großteils die Verbrennung fossiler Energieträger für diese Emissionen verantwortlich ist. Aber wir tun kaum etwas dagegen, auch wenn hier und dort wie etwa mit dem Kyoto-Protokoll zaghafte Versuche unternommen werden, den Ausstoß von Treibhausgasen ein wenig – zu wenig – zu reduzieren.

Alle Sibirier, die ich getroffen habe, wundern sich über die Kapriolen des Klimas, das in dieser Weltgegend früher sehr konstant war. Manche sind darüber erzürnt. Sie wissen, wer dafür verantwortlich ist, und fühlen sich ohnmächtig, als Opfer eines Phänomens, das sie beunruhigt, denn alles spricht dafür, dass die Situation sich weiter verschlechtern wird. Sie sind stolz darauf, dass Russland das Kyoto-Protokoll ratifiziert und dadurch vor dem Scheitern bewahrt hat.

Denn die US-Regierung unter George W. Bush hat ihre Zustimmung verweigert. Und das, obwohl die Vereinigten Staaten der mit Abstand größte Produzent von Treibhausgasen sind und folglich die Hauptverantwortung tragen!

»Man sollte denen mal klar sagen, was hier geschieht!«, sagt ein Burjate, dem ich am Rand der Piste begegne.

Genau darum werde ich mich im Verlauf dieser Reise bemühen.

Heute stehen ungefähr achtzig Kilometer auf dem Programm. Mein Etappenziel ist das kleine Dorf, in dem Sascha die Hunde trainiert hat. Wir werden in einem Haus schlafen, und die Hunde werden den Ort wiedersehen, an dem sie zwei Monate lang untergebracht waren. Hier und dort liegt etwas Schnee und färbt die Landschaft weiß, aber eine Fahrt auf Kufen ist noch immer nicht möglich.

»Das ist gut für die Moral«, behauptet Thierry, der selten den Mut verliert.

Ich bin froh, dass er wieder mit von der Partie ist. Er war mein engster Vertrauter bei den Dreharbeiten zu *Der letzte Trapper* und die treibende Kraft hinter dem Film. Er wird ungefähr zehn Tage bleiben und versuchen, möglichst viele Aufnahmen in den Kasten zu bekommen, solange die äußeren Bedingungen noch nicht allzu schwierig sind.

Emmanuel ist für den Ton zuständig. Er wird von Anfang bis Ende bleiben. »Emma« hat nämlich schon viele Reisen mit mir unternommen! Seit über zehn Jahren macht er mir die Freude, mich auf meinen waghalsigen Unternehmen zu begleiten, und obwohl er sich fest vorgenommen hatte, sich auf kein weiteres Abenteuer einzulassen, hat er auch diesmal der Versuchung nicht widerstehen können. Emmanuel ist ein Muster an Selbstdisziplin und ein Reisegefährte, wie man ihn selten findet, ruhig, besonnen, umsichtig und alles andere als faul.

Thomas, der ebenfalls bis zum Schluss dabeibleiben wird, ist ein Fall für sich. Im Moment fährt er mit den Pistenmachern voraus. Wenn man so will, ist er das glatte Gegenteil von Emmanuel. Seine Stimmung steigt und fällt so schnell wie ein Barometer, das außerstande ist, längere Zeit schönes oder schlechtes Wetter anzuzeigen. Eben noch himmelhoch jauchzend, dann zu Tode betrübt, aber ein wertvoller Teamgefährte, der sich voll in seine Aufgaben hineinkniet. Und ein passionierter Bastler, der keine Arbeit scheut und mir in unverbrüchlicher Freundschaft verbunden ist. Der Treueste unter den Getreuen. Auf ihn und Pierre kann ich mich blind verlassen. 1990 haben wir zusammen einen Teil Sibiriens durchquert, und seitdem haben wir eine Menge Projekte realisiert.

Auch Pierre ist ein spezieller Fall. Er ist mein Onkel, vor allem aber ein alter Reisegefährte. Unsere erste gemeinsame Expedition liegt über zwanzig Jahre zurück. Damals durchquerten wir Alaska, zunächst mit dem Floß, dann im Kanu. Seitdem haben wir uns eigentlich nie aus den Augen verloren. Es würde zu lange dauern, die vielen Abenteuer aufzuzählen, die wir zusammen erlebt haben ... Wir haben keine Geheimnisse mehr voreinander und schätzen uns trotz unserer Fehler. Von Beruf Apotheker, hat er über die

Jahre immer wieder seine Apotheke verkauft, um mit mir in die Ferne zu ziehen, und sich nach der Rückkehr eine neue zugelegt, die er vor der nächsten Reise dann wieder veräußerte. Heute im Vorruhestand, begleitet er mich ein neuerliches Mal, nachdem er an den langen und schwierigen Vorbereitungen für diese Expedition mitgewirkt hat. Als Verantwortlicher für die Logistik und die Koordination der verschiedenen Teams – Pistenmacher und Filmcrew – hat er eine enorm wichtige Funktion, die nicht immer sehr lustig ist, ganz im Gegenteil.

Pierre ist der Opa der Truppe, einmal wegen seines Alters, vor allem aber, weil ihm alle wohlwollende und dankbare Zuneigung entgegenbringen. Er setzt sich mit Leib und Seele für das Projekt ein und spielt oft eine entscheidende Rolle bei den unvermeidlichen Konflikten, die er mit seinen Vermittlungskünsten jedes Mal erfolgreich entschärft.

Möge ihm diese Expedition für sein rückhaltloses Engagement ein wenig Freude bereiten.

Auch im Team der Pistenmacher gibt es ausgefallene Typen. Aber wie sollte es auch anders sein? Normale Menschen finden Projekte dieser Art und das Leben, das sie mit sich bringen, nicht unbedingt verlockend.

Didier ist erst kürzlich wieder zu mir gestoßen. Wir sind uns zufällig begegnet. Dies ist erst unsere zweite gemeinsame Expedition, aber ich habe seinen Einsatz schätzen gelernt. Bei jener Expedition, die uns durch den gesamten hohen Norden Kanadas führte, ging Didier im Team ein wenig unter, weil die Kameraden ihm viel an Erfahrung voraus hatten und ihn dies auch

55

spüren ließen. Ich hoffe, er ist daraus gestärkt hervorgegangen und kann diesmal seinen Platz behaupten und seine Rolle gut ausfüllen. Die Akribie, mit der er sich auf die Expedition vorbereitet und seine Ausrüstung zusammengestellt hat, stimmt mich jedenfalls optimistisch. Von Natur aus eine Stimmungskanone, ist Didier als Reisegefährte sehr geschätzt und sieht ausgesprochen sympathisch aus. Er erinnert mich an einen meiner unvergesslichen Reisegefährten, der kurz vor meiner Abfahrt verstorben ist: den großartigen Totoche.

Rock ist ein kräftiger Bursche. Ich habe ihn bei den Dreharbeiten zu *Der letzte Trapper*, an denen auch Didier mitgewirkt hat, entdeckt. Seine Tipps waren uns in jeder Hinsicht eine große Hilfe. Als Trapper, Musher und Reisender kennt Rock den Wald besser als wir alle zusammen. Sehr angenehm an ihm ist, dass er sich nie damit brüstet. Während andere mit dem bisschen Erfahrung, das sie gesammelt haben, prahlen, erweckt Rock stets den Eindruck, er lerne von dem Schüler, mit dem er gerade zusammen ist. Eine weitere gute Eigenschaft: Er sieht immer, auch in schier auswegloser Lage, die positive Seite der Dinge, und wenn einmal wirklich alles schief geht, erfindet er eine. In seiner Gesellschaft überlässt man sich nicht der Verzweiflung.

Ein vollkommener Mensch? Nein, den gibt es nicht, und Rock bildet da keine Ausnahme. Gelegentlich schlüpft er aus der Haut des netten Kerls, der er fast immer ist, und wird ein anderer, ein etwas undurchschaubarer Charakter, der zu grundloser Bosheit neigt. Aber diese Anwandlungen dauern nie lange und fallen nicht ins Gewicht.

Ergänzt wird das Team von Patricia, Thibaut und Andrej, die wir im Verlauf dieser Geschichte noch näher kennenlernen werden.

Im Gegensatz zu den Vierbeinern, die seit Langem ein festes Team bilden, müssen die Zweibeiner vieles erst noch lernen und beweisen, dass sie miteinander klarkommen und der Herausforderung, die sie angenommen haben, gewachsen sind. Denn welche Aufgabe ihnen bei diesem Unternehmen auch zufallen mag, jeder Einzelne steht vor einer großen Herausforderung: Die einen müssen unter schwierigsten Bedingungen einen Film drehen, Tonaufnahmen und Fotos machen, andere in einem Land, in dem man zwei Wochen und sechshundert Stempel braucht, um eine Kfz-Zulassung zu bekommen, eine komplizierte Logistik auf die Beine stellen, wieder andere eine achttausend Kilometer lange Piste durch Gebirge, Taiga und Tundra spuren, und meine Wenigkeit muss eine Hundemeute, und sei sie noch so gut, auf dieser Piste führen, die häufig vom Wind und den unvermeidlichen Stürmen verweht sein wird.

Die Herausforderung des heutigen Tages besteht darin, »Saschas Dorf« zu erreichen, und wir erreichen es, sehr zur Überraschung der Bewohner, die uns nicht so früh erwartet haben und die Hunde mit bewundernden Blicken betrachten.

Die Hunde sind in Hochform, nur leider haben sich einige die Pfoten wund gelaufen. Ich wechsle unablässig die Booties, die ich ihnen zum Schutz gegen Verletzungen überziehe. Doch auf dem rauen Straßenbelag

57

verschleißen sie viel zu schnell. Mein Vorrat wird bald erschöpft sein, wenn ich weiter zehn Booties pro Hund und Tag verbrauche. Obendrein geben mir die Pistenmacher am Abend telefonisch durch, dass frühestens hinter Orlik, also dreihundert Kilometer von hier, mit Schnee zu rechnen ist.

»Geduld, meine Hunde.«

Saschas burjatische Familie empfängt uns mit offenen Armen und tischt das Beste auf, was ihre Speisekammer zu bieten hat. Gleich nach der Ankunft montiere ich mit Saschas Hilfe von meinem fahrbaren Untersatz ein völlig verbogenes Rad ab. Auf der Suche nach einem Schraubstock gehen wir ins Dorf, aber so etwas gibt es hier nicht. Nachdem wir ohne Erfolg mehrere Werkstätten abgeklappert haben, gelangen wir schließlich zu einem sympathischen und findigen Typ, der uns hilft, das Rad zu zentrieren und eine Verstärkung anzuschweißen, damit es sich nicht wieder verbiegt. Es ist sehr spät, als wir das Rad wieder am Schlitten befestigen, der im Morgengrauen startklar sein muss. Danach gehen wir zügig zu Bett. Die Hunde schlafen schon seit über fünf Stunden tief und fest.

Zum Glück ist die Landschaft, die wir durchqueren, von überwältigender Schönheit, denn die Fahrt auf der Straße ist wahrlich kein Vergnügen. Am Horizont sind die Berge aufgetaucht. Mehr oder weniger klar ragen ihre verschneiten Gipfel aus dem Dunstschleier, der über dem Tal liegt, seit die Temperaturen gesunken sind. Die Asphaltstraße, die bislang ganz passabel und glatt war, wird immer holpriger, je mehr wir uns dem Seengebiet nähern. Dörfer werden seltener, von Zeit zu Zeit kommen wir an einem Gehöft vorbei.

Die Hunde werden nicht langsamer, sondern halten ihr Tempo. Gao hat verstanden, was ich von ihm erwarte, und weiß, dass er stur auf der rechten Straßenseite bleiben muss. Am schwersten zu bändigen sind Abache und Yukon. Sie wollen unbedingt die Kühe jagen, die quer über die Straße laufen oder die Seitenstreifen entlangtrotten.

Am dritten Tag gelangen wir in einen Engpass, in den kein Sonnenstrahl mehr dringt. An den Ufern des zugefrorenen Flusses hat sich etwas Schnee angesammelt, der einen ersten Hauch von Winter beschert. Dort halte ich am Abend an, rupfe auf der Böschung ganze Arme voll Gras und breite es im Schnee aus, damit die Hunde bequem schlafen.

Sind die Berge auf den letzten zwanzig, dreißig Kilometern immer enger zusammengerückt, so treten sie hinter einer Kurve plötzlich wieder auseinander und erlauben so einen herrlichen Ausblick auf die Ortschaft Mondy und den malerischen Gebirgszug, der hier die Mongolei von Sibirien trennt. Das Eis des Flusses glitzert inmitten dieser goldbraunen Landschaft mit ihren von Sonne und Kälte verbrannten Feldern, die eigentlich längst unter einer dicken Schneedecke begraben sein müssten. Verstärkt wird der sonderbare Eindruck dieses Bildes noch durch den hierzulande nicht minder ungewöhnlichen Anblick eines Schlittens auf Rädern, den zehn raureifbedeckte Hunde ziehen.

Die Dorfbewohner mustern mich verdutzt, doch die Kinder klatschen entzückt in die Hände, rufen mir

»Nasdrowje« zu und fragen mich, wohin ich will. Meist nenne ich den Namen der nächsten Ortschaft, Orlik, doch manchmal kann ich mir nicht verkneifen zu antworten:

»Moskau!«

Dann starren sie mich ungläubig an und erinnern sich an einen Bericht, den sie neulich im Fernsehen gesehen oder im Radio gehört haben und der von einem Franzosen gehandelt hat, der durch Sibirien reist. Manchmal kommt es vor, dass sie mir eine Zeitschrift für ein Autogramm hinstrecken ...

Mondy ist ein Postkartenidyll.

Thierry filmt, wie der Schlitten den Ort durchquert, und bedauert, dass er dabei nicht das ganze Dreihundertsechzig-Grad-Panorama einfangen kann, so schön ist es hier. Überall grasen Kühe und Pferde. Sie sind an den Flanken und Ohren mit dem Zeichen des Besitzers markiert, der sie das vergilbte Gras der Bergwiesen abweiden lässt. Letztere verdrängen zunehmend den Wald, der immer spärlicher wird, je höher wir kommen.

Hinter Mondy öffnen sich weite Flächen, die von hohen felsigen Bergen mit verschneiten Gipfeln geschützt sind. Aber was Schnee angeht: Fehlanzeige. So langsam frage ich mich, ob ich mir nicht lieber ein Pferd mieten und die Reise im Sattel fortsetzen soll, die Hunde im Schlepp.

Auch der Asphalt verschwindet und weicht einem Schotterweg, den nur noch Autos mit Allradantrieb befahren. Ich fürchte, dass ich nicht weiterkann. Die Pfoten der Hunde werden einem solchen Geläuf nicht mehr lange trotzen, und wozu auch? Langsam wird es lächerlich. Zwei oder drei Tage auf der Suche nach Schnee unter solchen Bedingungen zu reisen, das mag ja noch angehen, aber nicht länger! Meine Moral ist im Keller, und ich frage mich, ob es nicht vernünftiger wäre, das ganze Projekt abzubrechen und um ein Jahr zu verschieben. Eine Schlittenfahrt ohne Schnee ist so, als wollte man eine Schiffsreise ohne Wasser unternehmen.

Ein Glück nur, dass der Schotter mit Sand vermischt ist. Einen solchen Belag vertragen die Hundepfoten gewöhnlich besser als Asphalt. Ich beschließe also weiterzumachen.

Am Ende des Nachmittags haben wir über siebzig Kilometer zurückgelegt. Ich halte in einem hohen Kiefernwald an einem Bach an. Didier teilt mir über Satellitentelefon mit, dass ungefähr fünfzig Kilometer weiter auf dem Hochplateau, das wir morgen früh erklimmen werden, Schnee liegt. Er hat auf einem zugefrorenen Fluss eine Piste bis nach Orlik gespurt. Hinter Orlik, und das ist die schlechte Nachricht, macht sich der Schnee auf einer Strecke von fünfzig Kilometern wieder rar. In größerer Höhe hat Didier welchen gefunden, aber er sucht noch nach einer Passage.

Neben dem Schneemangel beunruhigt mich am meisten, dass das Team der Pistenmacher zeitlich in Verzug geraten ist. Und das, obwohl sie fast eine Woche Vorsprung hatten und ich immer wieder darauf gepocht und auch alles dafür getan habe, dass sie ihn behalten. Aber leider sind sie zu spät losgefahren und obendrein in ein Tal geraten, an dessen Ende sie umkehren mussten; das Gleiche passierte ihnen dann auch noch ein zweites Mal! Jetzt wollen sie zurück nach Orlik und von dort aus einen neuen Vorstoß unternehmen. Wenn es ganz dumm läuft, treffen wir gleichzeitig dort ein! Mit einem Wort, ihr Vorsprung ist dahin. Das lässt nichts Gutes ahnen.

Damit meine Sorge verständlicher wird, muss ich an die Weiße Odyssee erinnern, bei der ich den gesamten hohen Norden Kanadas durchquert habe. Damals arbeiteten wir nach demselben Prinzip: Ein Team von Helfern sollte vorausfahren und dort, wo es keine Piste gab, eine spuren. Dies hat jedoch nur dann den gewünschten Effekt, wenn das Team mindestens einen Tag Vorsprung auf die Hunde hat. Der Schnee, den die Schneemobile zusammengepresst haben, muss gefrieren, sonst sinken die Hunde zu tief ein und kommen nicht voran.

Der gewöhnliche Sterbliche kann nur schwer nachvollziehen, dass Hunde in der Wildnis ohne Piste nicht zurechtkommen. Er glaubt, sie kämen in jeder Art von verschneiter Landschaft zurecht. Das ist ein Irrtum. Hat der Musher kein Team, das ihm den Weg ebnet, kommt er abseits der ausgetretenen Pfade und befahrenen Pisten häufig nur vorwärts, wenn er mit Schneeschuhen selbst eine Piste spurt. Bis zur Weißen Odyssee habe ich mich bei meinen Expeditionen stets auf diese Weise beholfen.

Ich bin mehrere tausend Kilometer mit Schneeschuhen marschiert und musste jedes Mal, wenn der Abend nahte, auf der von mir festgestampften Piste mit dem Schlitten zurückfahren, um die Ausrüstung zu holen, die ich am letzten Lagerplatz zurückgelassen hatte. Mit einem dreihundert Kilo schweren Schlitten bleibt einem nichts anderes übrig. Zunächst belädt man ihn nur mit dem Allernotwendigsten, damit er leichter wird. Ist man zu zweit, geht einer voraus und stampft mit Schneeschuhen den hohen Schnee fest, damit die Hunde folgen können. Dabei legen sie, wenn es hoch kommt, zwei Kilometer in der Stunde zurück, was der Geschwindigkeit des Vorausmarschierenden entspricht. Der andere Musher geht mit Schneeschuhen hinter dem Schlitten her und schiebt. Oder er marschiert zwischen dem Schlitten und dem letzten Hundepaar und nimmt die Zugleine zwischen die Beine. In diesem Fall befestigt er seitlich am Schlitten eine Spurstange, die es ihm gestattet, das Gefährt genau in der Spur zu halten. In schwierigen Passagen kann er den Schlitten auch ziehen und den Hunden helfen. So haben wir es 1981 in Quebec gemacht, als wir die Halbinsel Labrador durchquerten, oder auch 1990 in Sibirien und später, als wir mit Diane und Montaine, die damals noch ein Baby war, durch den gesamten Norden British Columbias und das Yukon Territory in Richtung Alaska reisten. Über einen Monat lang mussten wir uns in den Bergen selbst eine Piste spuren und täglich mit dem Gepäck hin- und herfahren. Bis auf das Zelt, den Holzofen und unsere Schlafsäcke ließen wir alles am letzten Lagerplatz zurück. Diane und ich gingen abwechselnd mit Schneeschuhen vor den Hunden her und legten auf diese Weise fünfzehn bis zwanzig Kilometer pro Tag zurück. Die Hunde sanken im Schnee ein, aber der nahezu leere Schlitten bot kaum Widerstand.

Am späten Nachmittag schlugen wir das Zelt auf. Während Diane und Montaine sich darin aufwärmten, fuhr ich auf der von uns gespurten und mittlerweile durch den Frost gehärteten Piste zurück und holte die zurückgelassene Ausrüstung. Die Hunde liebten diese Fahrten ebenso wie ich, denn endlich konnten sie ungehindert traben. Wir brauchten für die gesamte Strecke hin und zurück zwei bis drei Stunden. So reisten wir wochenlang, bis wir an einen großen zugefrorenen Fluss gelangten. Hier brauchten die Hunde keine Piste mehr, denn der Wind hatte den Schnee auf der Eisdecke zusammengepresst.

Als ich den Plan fasste, in einem einzigen Winter den hohen Norden Kanadas zu durchqueren, also in hundert Tagen achttausend Kilometer zurückzulegen, erkundeten Pierre und ich zwei Monate lang das Gelände, um die beste Route zu finden und einheimische Indianer und Inuit als Führer anzuheuern. Theoretisch hätte alles problemlos klappen sollen. In der Praxis kam alles ganz anders. Schon in der ersten schwierigen Passage in den Rocky Mountains blieben die Schneemobile in Kälte und unwegsamem Gelände stecken. Die Folge war, dass ich das Team der Pistenmacher ein- und sogar überholte, und so ging es auf den gesamten achttausend Kilometern weiter – ein Verfolgungsrennen zwischen den Schneemobilisten und den Hunden, die sich die meiste Zeit über zu frische Pisten quälen mussten, sofern es überhaupt welche gab!

Nach dieser Erfahrung hatten wir uns geschworen, aus unseren Fehlern zu lernen und so etwas nicht noch einmal durchzumachen. Aber kaum sind wir gestartet, beginnt dasselbe Theater von vorn!

Blauer Himmel und −40° Grad Celsius. Es ist zum Verzweifeln, denn wir brauchen Schnee, viel Schnee.

Die ideale Temperatur liegt zwischen −20° und −50° Grad Celsius.
Dann ist es den Hunden weder zu warm noch zu kalt. Kurzum, sie haben
ihren Spaß ...

... und ich auch.

Das »Goldgräberzelt«, das mich seit zwanzig Jahren begleitet. Ein kleiner Ofen sorgt im Innern für behagliche Wärme.

Auf den kleinen Flüssen laufen wir, wann immer möglich, an den Ufern entlang. Dort ist es sicherer, weil das Eis am Rand stabiler ist als in der Flussmitte.

Links: Die Pfoten! Sie sind das Objekt aufmerksamster Pflege. Täglich werden sie mit einer regenerierenden Feuchtigkeitscreme eingerieben.

In den Dörfern muss man die Hunde scharf im Auge behalten. Sobald wir in ein Dorf kommen, drehen sie ihre Köpfe neugierig in alle Richtungen.

Über so wenig Schnee zu gleiten ist kein Vergnügen, denn der Schlitten lässt sich nicht kontrollieren. Die hinten angebrachte Bremse, mit der man Richtung und Tempo beeinflusst, greift im Schnee nicht genügend.

Der einzige Trost, und kein kleiner: die Hunde. Sie sind in einer Bombenform, und das stimmt mich zuversichtlich. Sie sind heiß und haben Lust zu laufen, und trotz des wenig verheißungsvollen Auftakts lasse ich mich von ihrer Begeisterung anstecken.

Es wird kälter. Die Temperatur ist bereits unter $-40°C$ gesunken, als wir uns im Morgengrauen an den Aufstieg zum Hochplateau machen. Der Weg führt durch eine grandiose Schlucht, deren Felswände uns wie die Backen eines Schraubstocks umschließen. Die Hunde, die mit ihrem Raureifkleid wie weiße Büsche aussehen, erklimmen beherzt die Steigung und halten ein gutes Tempo. Um ihnen zu helfen, laufe ich hinter dem Schlitten her. Bei jedem Atemzug stoße ich eine eisige Dampfwolke aus, die sich im Pelz meiner Kapuze verfängt.

»Lauft, meine Hundchen!«

Wieso denn »Hundchen«? Ich weiß auch nicht, aber so habe ich sie schon immer genannt. Bestimmt aus Zuneigung.

Auf halber Höhe gönne ich ihnen in einer Felsnische, in die ein paar Sonnenstrahlen fallen, eine kurze Verschnaufpause.

»Nur Mut, in ein paar Stunden haben wir Schnee unter den Füßen, meine Hundchen!«

Ich spreche viel mit ihnen. Natürlich verstehen sie meine Worte nicht, aber sie sind sehr empfänglich für den Tonfall meiner Stimme und nehmen viel mehr wahr, als ich früher dachte. Heute weiß ich es besser. Sie sind ein wenig wie sehr kleine Kinder, von denen wir zu Unrecht annehmen, sie verstünden nichts oder fast nichts, nur weil sie selbst noch nicht sprechen.

Ein paar Worte verstehen die Hunde durchaus. Wie viele, hängt von ihrer Fähigkeit ab, sie im Gedächtnis zu behalten und damit etwas zu verbinden, das für sie von Bedeutung ist. Aber den allgemeinen Sinn dessen, was ich ihnen sage, können sie begreifen, ob es sich nun um eine Aufmunterung, einen Tadel, einen Scherz oder eine Entschuldigung handelt ... Auf jeden Fall sind sie dafür dankbar, dass man es versucht.

»Noch fünfzehn Kilometer, dann haben wir es geschafft, Gao! Dann ruht ihr euch schön im Schnee aus, und ich mache den Schlitten und das Gepäck fertig.«

Er sieht mich an und erhebt sich, um mir zu zeigen, dass er wie immer bereit ist, mir bis ans Ende der Welt zu folgen. Quebec bellt ungeduldig und steckt damit die ganze Meute an, die lautstark bekundet, dass sie weitermöchte.

Recht so!

Vor dem Anstieg habe ich das Gespann auf einigen Positionen umgestellt. Ich habe Kurvik neben Gao an der Spitze angeschirrt, und gleich dahinter Taran und Abache, die alle übrigen in einem höllischen Tempo den Berg hinaufziehen.

Schließlich gelangen wir auf das sonnenüberflutete Hochplateau. Die Luft wird spürbar wärmer, und sofort fallen die Hunde in Galopp!

Sie haben eine Witterung aufgenommen. Ich suche mit den Augen die Landschaft ab, die unter einer dünnen Schneedecke liegt, vermag aber nichts zu entdecken, da taucht plötzlich eine ganze Herde Wildpferde aus einer kleinen Talmulde auf. Die Hunde spielen verrückt. Sie gehen ab wie eine Rakete, und ich kann nichts dagegen tun. Der Schlitten hüpft über Steine und ist mehrmals nahe dran, sich zu überschlagen. Und die Pferde denken gar nicht daran, uns aus dem Weg zu gehen, sondern kommen uns gefährlich nahe.

Sie greifen an!

Ich brülle und fuchtele wild mit den Armen, um ihnen Angst zu machen, doch sie ändern ihre Richtung nur wenig, wie um zu zeigen, dass sie weder die Hunde noch den Musher fürchten. Und ich wüsste auch nicht, wieso sie Angst haben sollten. Wohl die wenigsten Wolfsrudel wagen es, eine solche Wildpferdherde anzugreifen.

Sie preschen direkt vor uns über den Weg.

Die Hunde sind beeindruckt. Sie haben das Tempo gedrosselt, und selbst Abache ist die Lust zum Jagen vergangen.

Die Pferde entfernen sich, und wir setzen unseren Weg fort. Die grandiose Landschaft öffnet sich mehr und mehr. Wir sind hier nur zehn Kilometer von der mongolischen Grenze entfernt, und die weite, baumlose Steppenlandschaft entspricht ganz dem Bild, das man von der Mongolei hat.

Endlich Schnee.

Wie gut das tut, sich im Schnee zu wälzen und davon zu fressen. Die Hunde tollen nach Herzenslust herum, als ich am Beginn der Piste, der wir nun folgen sollen, anhalte. Sie zweigt vom Weg ab, führt über einen zugefrorenen See und dann hinab in ein Tal, in dessen Grund sich ein Fluss windet, der ebenfalls zugefroren ist. Die Schneedecke ist nicht hoch, doch für den Anfang genügt sie allemal. Jedenfalls werde ich mir nicht das Vergnügen nehmen lassen, den verfluchten Rollwagen, dieses Folterinstrument, hier abzumontieren.

Wir fangen noch einmal von vorn an. Und diesmal gilt es. Ein wohliger Schauer durchläuft mich, als ich den Hunden das Startkommando gebe. Was für ein herrliches Gefühl, endlich wieder über Schnee zu gleiten und den Schlitten lenken zu können, obwohl die weiße Pracht gerade mal fünf Zentimeter hoch liegt und ich häufig Steinen ausweichen muss.

Die Landschaft ist überwältigend. Ich genieße diesen Augenblick, den ich so herbeigesehnt habe, und berausche mich an ihm. Nach zwanzig Kilometern ist der Spaß allerdings schon wieder vorbei, denn der Tag geht zur Neige. Es wird Zeit anzuhalten. Die Hunde sind seit dem Morgengrauen auf den Beinen und müssen für die kommenden Tage Kräfte sparen. Sie werden sie brauchen. Eine alte Blockhütte aus schlecht zusammengefügten Stämmen dient uns als Unterkunft. Trotz der zerbrochenen Fensterscheiben spendet der Ofen ein wenig Wärme, jedenfalls genug, um Nudeln zu kochen und Eis zum Schmelzen zu bringen, damit ich die Hunde tränken kann.

Das Glück ist nur von kurzer Dauer.

Nachdem wir etliche Kilometer zwischen den verkümmerten Kiefern eines kleinen Waldes Slalom gefahren sind, schwenkt die Piste auf den zugefrorenen Fluss zurück. Didier und Rock haben sich für das Eis entschieden, weil am Ufer kein Durchkommen mehr ist – zu wenig Schnee, zu viele Steine und ein undurchdringliches Dickicht aus Erlen und Weiden. Nur leider sind die Bedingungen auf dem Fluss nicht viel besser. Da er erst nach den Schneefällen zugefroren ist, reisen wir auf blankem Eis. Die Hunde verabscheuen Eis, denn sie finden darauf keinen Halt. Sie ermüden zehnmal schneller, und obendrein ist es gefährlich: Sie rutschen aus, fallen hin und laufen ständig Gefahr, sich einen Muskel oder eine Sehne zu zerren, ein Gelenk zu verstauchen oder gar einen Knochen zu brechen. Sie wissen das, und ich muss den Leithunden, insbesondere Gao, gut zureden, damit sie sich überhaupt auf die Eisbahn wagen. Ich tue es in der Hoffnung, dass die Bedingungen hinter jeder nächsten Kurve besser werden, aber das ist nicht der Fall. Zehn Mal biegen die Hunde in Richtung Ufer ab, um dieser Hölle zu entrinnen. Zehn Mal beordere ich sie schweren Herzens aufs Eis zurück. Meine Lage ist nicht beneidenswerter als ihre, denn der Schlitten lässt sich nicht steuern. Ein ums andere Mal schramme ich nur um Haaresbreite an einem der vielen Felsblöcke vorbei, die wie große Pilze aus dem Eis ragen.

»Jetzt reicht's aber!«

Ich werde meine Hunde nicht schinden oder demoralisieren, indem ich Unmögliches von ihnen verlange. So können wir ohnehin nicht mehr lange weitermachen.

»Gee!«

Gao lässt sich nicht zweimal bitten und hält stracks auf die kleine, sonnenüberflutete Lichtung zu, die ich am Ufer ausgemacht habe. Während die Hunde dort ihre wohlverdiente Pause genießen, suche ich nach einer Möglichkeit, auf die Straße zurückzukommen, die über uns in die Bergflanke geschnitten ist. Ich habe nämlich die Absicht, mir das Folterinstrument wieder zu holen, auch wenn ich noch keine Ahnung habe, wie ich das anstellen soll.

Zwischen den Erlen entdecke ich einen Pfad, der den Hang hinaufführt. Irgendwo da oben verläuft die Straße. Zum Glück ist das Gelände hier nicht allzu steil. Ich erkunde die nähere Umgebung, schwanke zwischen mehreren Möglichkeiten und entscheide mich schließlich für die, die mir am besten erscheint, nämlich schräg zwischen zwei Felsvorsprüngen hinaufzusteigen.

Die Hunde haben sich unterdessen nicht gerührt. Sie dösen in der Sonne, und ich verteile Streicheleinheiten. Dabei setze ich ihnen die Lage auseinander.

»Wir kehren auf die Straße zurück, montieren wieder die verdammten Räder und fahren damit bis Orlik. Entweder wir finden dort richtigen Schnee, oder wir hören auf. Einverstanden?«

Sie scheinen einverstanden. Allerdings sind sie es schon etwas weniger, als ich ihnen eröffne, dass sie das sonnige Plätzchen räumen und den Berg hinaufklettern müssen. Aber sie tun es. Weil ich es von ihnen verlange und weil sie sich sagen, dass ich schon weiß, was ich tue. So tickt ein Schlittenhund. Entweder er hat Lust zu laufen und läuft, oder er hat keine Lust und bleibt stehen. Es sei denn, er hat Vertrauen zu dem, der von ihm verlangt, dass er noch eine Weile weiterlaufen soll. Sein einfaches Hundehirn sagt ihm nämlich, dass es dafür einen triftigen Grund geben muss: ein nahes Dorf (und dann lohnt es sich, noch eine

Stunde dranzuhängen, denn dort warten eine gute Mahlzeit und ein gemütlicher Schlafplatz), ein Wald, der Schutz vor dem Wind bietet, eine bessere Piste ...

In den meisten Fällen versteht der Hund, und mit jedem Mal wächst das Vertrauen noch etwas mehr.

Wir klettern also hinauf. Oben angekommen, sehen die Hunde die Straße und begreifen, dass sie mein Ziel war. Sie dürfen jetzt eine gute Stunde oder länger verschnaufen. Wir brechen erst wieder auf, wenn sie Lust dazu bekunden, indem sie aufstehen, sich schütteln oder winseln, wie es beispielsweise Quebec immer tut. Ich weiß, dass eine Stunde Erholung genügen wird. Ich kenne sie in- und auswendig, meine Dauerläufer. Wir haben heute Morgen noch nicht sehr viele Kilometer zurückgelegt, und so mühselig das Fortkommen auf dem Eis auch war, bald wird es sie wieder in den Pfoten jucken.

In der Hoffnung, dass ein Lastwagen vorbeikommt, was äußerst unwahrscheinlich ist, stelle ich mich an die Straße. Ich will den Fahrer bitten, in Orlik eine Nachricht zu überbringen. Und das Glück ist mir hold. Der Laster, der meinen fahrbaren Untersatz befördert, ist noch nicht vorbeigekommen; keine halbe Stunde später hält er neben mir.

Pierre sitzt im Wagen, und wie es seine Gewohnheit ist, versucht er, mich aufzurichten, denn ich bin deprimiert. Wieder muss ich die Räder montieren, dabei hatte ich gehofft, sie erst im achttausend Kilometer entfernten Moskau wieder zu Gesicht zu bekommen.

Zum Glück ist die Landschaft atemberaubend. Die Berge ragen immer höher empor und bieten einen märchenhaften Anblick. Ausgedehnte Bergwiesen umsäumen das dunkle Grün der Nadelwälder, und darüber stechen das Blau der Gletscher und das Weiß des Schnees gegen den Azur des Himmels ab.

Ich erinnere mich an bestimmte Pässe, über die ich vor fünfzehn Jahren geritten bin. Welch weiten Weg habe ich seitdem zurückgelegt! Ein wenig trauere ich diesen unbekümmerten Zeiten nach, in denen ich die unberührten Landschaften nur zu meinem Vergnügen bereiste und aus keinem anderen Grund.

Ich habe die Absicht, mir in Kürze wieder das einfache und egoistische Vergnügen zu gönnen, mit meinen Hunden die weißen Weiten zu durchstreifen. Engagieren werde ich mich anderweitig: mit Filmen und pädagogischen Aktionen. Ich will Überzeugungsarbeit leisten.

Hinten auf meinem Schlitten stehend, sehe ich die annähernd dreißig abenteuerlichen Jahre an mir vorüberziehen. Ich erinnere mich an die Menschen, die mich begleitet haben, an die Landschaften, die ich durchquert, an die Lager, die ich errichtet habe, an Begegnungen ... Es ist das erste Mal, dass ich gern zurückblicke. Bisher haben mich Erinnerungen gelangweilt. Nur die Zukunft und meine Projekte zählten. Ich habe mir nie einen Film von mir noch einmal angesehen, wenn er fertig war, nie ein Buch noch einmal gelesen ... Ist es eine Alterserscheinung, dass ich heute Freude daran habe?

Ich denke oft an die einjährige Reise, die ich mit meiner Frau und unserer kleinen Tochter, die damals erst anderthalb Jahre alt war, in den Rocky Mountains unternommen habe.

Jetzt, mit entsprechendem Abstand, kann ich ermessen, was für ein großartiges Erlebnis das war. Ein dreimonatiger Ritt führte uns an einen großen See, an dem wir uns eine Blockhütte bauten, mit Blick auf die majestätischen Berge. Ich hatte diesen See nicht zufällig ausgewählt. Er gehört zu den schönsten Flecken Erde, die ich kenne. Ich hatte ihn bei einer Winterexpedition mit dem Hundeschlitten entdeckt und mir geschworen, dorthin zurückzukehren, um mir einen Jugendtraum zu erfüllen: Ich wollte mir eine Hütte bauen und mehrere Monate mitten im Nirgendwo leben, fernab von allem, wollte eintauchen in die unberührte Natur, sie einmal anders erfahren.

Ich wollte mir die Zeit nehmen, wilde Tiere aufwachsen zu sehen, sie anders beobachten als nur von einer Piste aus. In aller Ruhe zusehen, wie der Winter sich der Landschaft bemächtigt. Es wurde eine wunderbare Reise, die meine Erwartungen voll und ganz erfüllte, Erwartungen, die sicherlich dadurch geschürt worden waren, dass sich im Laufe all der Expeditionen, bei denen ich zu schnell gereist war, viel Frustration angestaut hatte. Wie viele Fährten wilder Tiere hatte ich gekreuzt, ohne mir die Zeit zu nehmen, ihnen zu folgen! Wie viele großartige Landschaften hatte ich im Dunkel der Dämmerung durchquert oder im undurchdringlichen Weiß eines Schneesturms oder Nebels!

An diesem See hatten wir Muße, alles intensiv zu erleben, jeder Fährte zu folgen, jedes Element dieser Landschaft zu verstehen, sodass sich bei uns das wunderbare Gefühl einstellte, ein Teil von ihr zu sein. Wir konnten in aller Ruhe einen Sonnenaufgang betrachten oder stundenlang in den Flechten liegen und die gemächliche Wanderung einer kleinen Karibuherde beobachten.

Zu all dem kam die große Freude, rund um die Uhr mit unserer kleinen Tochter zusammen zu sein, die in dieser unberührten, natürlichen Welt von absoluter Reinheit ihre ersten Erfahrungen sammelte. Sie lernte dort sprechen, und ihre Worte besangen, was uns umgab. Sie ahmte die Stimmen der Vögel nach und antwortete den Wölfen.

Dann kam der Winter, und wir verließen die Hütte und reisten mit dem Hundeschlitten durch den gesamten Norden British Columbias und das Yukon Territory bis nach Alaska.

Die Meute, die uns damals zog, bestand aus Söhnen Otchums und Skas, ungemein kräftigen Hunden, die stämmiger waren als meine jetzigen, aber nicht ganz so schnell. Genau solche Hunde brauchte ich, denn sie mussten über dreihundert Kilo Proviant und Ausrüstung durch tiefen, nur notdürftig mit Schneeschuhen festgestampften Schnee schleppen. Diese Hunde, ausgemachte Jäger und Raufbolde, waren schwer zu bändigen, aber wahre Schlepper und unglaubliche Kraftprotze.

Ich denke oft an sie und an das, was wir zusammen erlebt haben.

Heute sehne ich mich danach, wieder an das anzuknüpfen, was ich damals, in den Bergen mit Diane und Montaine, so schätzen gelernt habe.

Ich möchte mir Zeit nehmen, jedenfalls mehr Zeit, als man auf einer Expedition gewöhnlich hat.

Das gemächliche Reisen mit einem Hundeschlitten, diesem natürlichen und umweltfreundlichen Fortbewegungsmittel, das einem die Möglichkeit lässt, zu sehen, zu riechen, zu lauschen und zu verstehen, genügt mir nicht mehr. Um einen Menschen, dem man am Rande der Piste begegnet, oder eine Landschaft und all das, was ihr Wesen ausmacht, besser verstehen zu lernen, muss man anhalten.

Auch das ist ein Punkt, dem ich den zweiten Teil meines Lebens, der nach diesem letzten großen Abenteuer beginnen soll, widmen will. Eine Begegnung hat für mich nicht mehr dieselbe Bedeutung wie früher. Zu Anfang wusste ich nichts über die Menschen, die ich unterwegs traf, nichts über die Trapper, die Indianer und die Inuit, bei denen ich haltmachte. Ich musste alles erst noch lernen. Heute frustriert mich eine nur flüchtige Bekanntschaft, die ich während eines Stopps von einem Tag oder einer Nacht schließe, ebenso wie die Fährte eines wilden Tieres, der ich aus Zeitmangel nicht folgen kann.

Als ich 1990 Sibirien durchquerte, verbrachte ich mehrere Monate mit Nikolaj, dem Anführer eines Clans von Rentierzüchtern. Gemeinsam überquerten wir einen Teil des Werchojansker Gebirges. Was ich mit diesem Mann erlebte, entspricht in seiner Tiefe der Beziehung, die ich zu der Landschaft am Thudaka-See hatte. Nach dieser Tiefe sehne ich mich heute.

Nikolaj und sein Clan lebten abseits der Welt, die wir kennen. Sie besaßen nichts weiter als eine Herde von zweitausend Rentieren und das weite Gebirgsland, das er und die Seinen, etwa zehn Erwachsene und ihre Kinder, durchstreiften. Kein leichtes, aber ein harmonisches Leben, das sie glücklich machte.

Wir diskutierten stundenlang über den Lauf der Welt, über das Verhältnis des Menschen zur Natur, über die möglichen Segnungen eines gemäßigten Fortschritts, an den er gewisse Hoffnungen knüpfte. Ich erzählte ihm, was ich bei den Indianern und Inuit empfunden hatte, die sich hatten täuschen lassen von der unechten Welt der weißen Zivilisation und dabei ihre eigene Welt verloren hatten. Er hörte mir ernst zu, sprach mit mir über sein Leben, seine Hoffnungen, seine Ängste. Er lehrte mich viel, mit Geduld und Verstand. Und ich versuchte, ihm mein Leben in Frankreich zu schildern, ihn an meinen Erfahrungen teilhaben zu lassen, ihm gewisse Dinge beizubringen, die ich anderswo gelernt hatte.

Wir verabredeten, dass er mich in Frankreich besuchen sollte. Ich versprach ihm, mich um die organisatorischen Dinge zu kümmern, und das war nicht einfach, denn Nikolaj hatte keinen Pass und keine Papiere. Er kannte weder sein genaues Alter noch seinen Geburtsort: »In den Bergen« konnte man schlecht in das entsprechende Kästchen auf einem Ausweisantrag eintragen … Aber ein russischer Freund mit guten Beziehungen konnte ihm einen Pass besorgen.

Ein Jahr nach unserer langen gemeinsamen Zeit kehrte ich im Sommer dorthin zurück, denn es war die einzige Möglichkeit, mit ihm in Kontakt zu treten. Ich brauchte fast eine Woche, ehe ich das Lager dieser Nomaden fand, da niemand genau wusste, wo sie sich gerade aufhielten. Nikolaj hatte sich das Leben genommen, und da er wusste, dass ich wiederkommen würde, hatte er mir einen Brief hinterlassen. Er war an einem Leiden erkrankt, das er, sicherlich zu Recht, für unheilbar hielt, und hatte allmählich sein inneres Gleichgewicht verloren. Er konnte kein Rentier mehr besteigen, sich in den letzten Wochen kaum noch auf den Beinen halten. Da er seinem Clan zunehmend zur Last fiel, hatte er es vorgezogen, seinem Leben selbst ein Ende zu setzen.

Nach meiner Rückkehr möchte ich einen Film drehen, der Nikolaj und seiner Welt gewidmet ist. Dieser Film wird davon inspiriert sein, was ich mit ihm unter den Seinen erlebt habe, und von der Beziehung dieser Menschen zu den Wölfen handeln.

So ist das, wenn ich auf meinem Schlitten stehe. Meine Gedanken schweifen umher, wandern aus der Gegenwart in die Vergangenheit, zu meinen einstigen Schlittenhunden und zu dem See, an dem ich meine Hütte gebaut habe ... Nur selten hat man so viel Zeit zum Nachdenken. Eine solche Reise wirkt wie ein innerer Reinigungsprozess. Er befreit von allem Überflüssigen und Künstlichen, in dem man allzu oft gefangen ist, getrieben von diesem ruhelosen, hektischen Leben, in dem ähnliche Regeln gelten wie auf der Autobahn: Man muss schnell fahren, und es ist schwierig, sich dem zu entziehen.

Apropos Straßen. Ein Glück, dass es welche gibt. Wie sollte ich sonst dorthin kommen, wo Schnee liegt?

Die Straße, auf der ich im Moment reise, wird immer gewundener und holpriger. Die Hunde suchen sich ihren Weg, und nur selten kommt es vor, dass einer über einen Stein oder ein Schlagloch stolpert. Ich fahre langsam, halte oft an, um ihre Pfoten zu untersuchen oder zerschlissene Booties auszutauschen. Es wird Zeit, dass wir Schnee finden, um meiner Moral und um ihrer Pfoten willen. In Orlik werden wir mindestens zwei Tage pausieren müssen, damit sich die angegriffene Hornhaut einiger Sohlenballen regenerieren kann.

Um Orlik bis zum Abend zu erreichen, treibe ich die Hunde am letzten Tag ein wenig an. So kann ich feststellen, wer noch in guter Verfassung ist. Quebec, der sich gleich zu Beginn die Pfote in der Zugleine eingeklemmt hatte und leicht hinkte, ist völlig genesen. Dagegen sind Harfang, Narsuak und Yukon die Anstrengungen anzumerken. Die anderen laufen im gestreckten Galopp in Orlik ein wie nach einer Trainingsrunde über zwanzig Kilometer. Dabei haben wir über achtzig schwierige Kilometer mit vielen Höhenmetern zurückgelegt. Ich bin mächtig stolz auf die Meute.

Ich erinnere mich noch genau an dieses Dorf, es hat sich nicht verändert. Ich erinnere mich deshalb so genau, weil es die erste »größere« Ortschaft war, in die wir nach einem monatelangen Ritt durch das Gebirge kamen, wo uns drei wacklige Hütten inmitten der Taiga schon wie ein Dorf vorgekommen waren.

Orlik war für uns eine Stadt, fast eine Großstadt. Wir waren verblüfft gewesen, hier über hundert Häuser und mehrere hundert Einwohner vorzufinden.

Die Hunde schlafen an einem ruhigen Plätzchen gleich neben der engen Hütte, in der das gesamte Team untergebracht ist.

Die Pistenmacher werden morgen weiterfahren, sowie sie die Schneemobile repariert haben. Ihre Maschinen waren einer harten Belastungsprobe ausgesetzt, als sie auf der Suche nach einem Pass, der in die Republik Tuwa führen soll, einen zugefrorenen Fluss hinauffuhren.

Kein Mensch reist im Winter nach Tuwa, deshalb kann uns auch niemand mit Bestimmtheit sagen, welche Route wir nehmen sollen.

Die Meinungen gehen auseinander, die Ansichten widersprechen sich …

»Man muss diesen Pass nehmen«, behauptet einer.

»Auf gar keinen Fall«, entgegnet ein anderer. »Der Pass weiter im Norden ist der einzige Weg.«

»Nein, ausgeschlossen!«, widerspricht ein Dritter. »Dieser Fluss ist eine Sackgasse!«

Wem soll man glauben? Den Karten?

Die sind noch am objektivsten. Zwar kann man aus einer Karte nicht alles herauslesen, aber sie enthält doch wichtige Hinweise wie zum Beispiel Höhenlinien, die dem Reisenden eine Ahnung vermitteln, welche Hindernisse ihn beim Aufstieg erwarten. Doch auch die Karte kann uns keine Auskunft darüber geben, wie es um die Schneeverhältnisse bestellt ist, welche Bäche und Flüsse zugefroren sind oder ob Brände oder Stürme einen Wald in ein riesiges Mikado verwandelt haben, das ein Fortkommen unmöglich macht. In Sibirien und den Rocky Mountains bin ich im Sommer zu Pferd oder im Winter mit dem Hundeschlitten mehrmals in einem solchen Gelände stecken geblieben.

Eine Entscheidung muss her, und so entscheide ich mich für den Pass, den Pierre bei seinem Erkundungsausflug in Betracht gezogen hat. Er hat ihn im Sommer gesehen und hält Auf- und Abstieg zwar für schwierig, aber machbar.

Seine Einschätzung wird von Alexandrej geteilt, den ich 1990 in Orlik kennengelernt habe und dem ich vertraue. Er erzählt, dass vor zwanzig Jahren im Winter Mongolen über die Berge gekommen seien, um den Burjaten Kühe zu stehlen, und dass er sie anschließend bis zu ebenjenem Pass verfolgt habe. Dies sei doch ein zuverlässiger Hinweis darauf, dass es gehen »müsste«.

Damit müssen wir uns begnügen. Und unter den gegebenen Umständen ist es gar nicht mal so schlecht: Immerhin haben uns mehrere Leute versichert, dass es im Winter überhaupt keine Möglichkeit gebe, in die Nachbarrepublik zu gelangen!

Eines Abends bekommen wir Besuch von einem Mann. Er stellt sich als persönlicher Freund Putins vor und hat ein Buch dabei, das ich dem Präsidenten geschenkt habe. Der Mann hat mit seinen beiden Leibwächtern eine mehr als zehnstündige Autofahrt auf sich genommen, um mich zu treffen!

Er hat gehört, dass ich über die Berge will, und behauptet, sie zu kennen. Zum Beweis legt er Fotos und Karten vor. In der Tat kennt er eine Gegend, durch die wir müssen, recht gut. Doch leider macht er nur vage Angaben über den Pass, der dorthin führt und der, wie er behauptet, der einzig mögliche Weg sei. Er erklärt, dass die Passage, für die wir uns entschieden haben, viel zu steil sei, und die Karten scheinen ihm recht zu geben …

Was also tun?

»Sehen wir uns den Pass an«, schlägt Rock vor.

Ein vernünftiger Vorschlag. Durch unser Zaudern haben wir schon zu viel Zeit verloren.

»Dawai!«, stimmt Alexandrej zu, den das Abenteuer reizt. Er erbietet sich, die Pistenmacher zu begleiten.

Sie laden ihre Schneemobile auf zwei sechsrädrige Fahrzeuge und verlassen Orlik. In größerer Höhe, dort, wo die Piste endet, werden sie die Maschinen wieder abladen. Dort, wo eigentlich Schnee liegen müsste.

Wir werden ihnen in unserem Kleinbus folgen, der überall durchkommt. Ich möchte mich vergewissern, ob die Sache mit den Hunden machbar ist, und vor allem brenne ich darauf, mir ein Bild von den Schneeverhältnissen oben in den Bergen zu machen. Die einen sagen, dass dort nur ein paar Zentimeter Schnee liegen, andere behaupten, dass er »den Pferden bis zur Brust reicht«.

An unserem zweiten Ruhetag in Orlik fahren wir also im Morgengrauen los, um die Route zu erkunden. Nach vierzig chaotischen Kilometern gelangen wir in ein weites Tal mit einem zugefrorenen Fluss in der Mitte, auf dem eine Art Eisstraße gespurt ist.

Ein paar Autos fahren auf dieser Straße bis zum Ende des Tals, wo die letzten Bauernhöfe liegen. Endlich finden wir Schnee, schönen kalten Schnee, und das auch noch in der vielversprechenden Höhe von etwa fünfzehn Zentimetern.

Frohen Mutes kehre ich um und überbringe den Hunden die gute Nachricht.

»Morgen Abend, meine Hunde, werden wir im Schnee schlafen, in schönem, richtigem Schnee.«

FÜNF

Endlich Schnee

SASCHA UND ICH SIND GESTERN ABEND SPÄT INS Bett gekommen, denn wir haben aufmerksam und bewundernd einem Mann zugesehen, der an meinem fahrbaren Untersatz ein paar Reparaturen und Verbesserungen vorgenommen hat. Mit seltenem Geschick hat er jedes Teil, das wacklig oder ramponiert war, zurechtgebogen, geschweißt oder verstärkt. Ich bin froh, dass ich diesen Mann gefunden habe, denn heute Vormittag wird der Rollwagen einem Härtetest unterzogen.

Der Weg, oder vielmehr das, was sich so nennt, besteht nur aus Schlaglöchern, Schotter und zugefrorenen Radspuren. Der Schlitten schlenkert in alle Richtungen, doch die Hunde sind nach zwei kompletten Ruhetagen wie aufgedreht und schlagen ein Wahnsinnstempo an. Wir haben heute Morgen unter $-40\,°C$, und ihre Schnauzen hecheln kleine Wolken aus, die uns mit Raureif überziehen. Von dem Gehoppel über die Steine habe ich schreckliche Kopfschmerzen bekommen.

»Langsam, Hunde! Langsam!«

Ein paar kennen den Befehl und würden ihn auch gern befolgen, können aber nicht, weil der Rest der

Meute gar nicht daran denkt, langsamer zu laufen. Die Kurven auf manchen abschüssigen Strecken sind sehr gefährlich. Die schlammigen Radspuren sind gefroren und stellen tückische Schlitterbahnen dar, die man tunlichst umfahren sollte.

Doch meine Lenkmöglichkeiten sind begrenzt. Auf Schnee kann man den Schlitten durch Kanteneinsatz und Gewichtsverlagerung auf die eine oder die andere Seite steuern. Ein Schlitten auf Rädern aber rollt, wohin die Hunde ihn ziehen, also ziemlich genau in die Richtung, in welche die Hauptzugleine zeigt. Enge Kurven müssen deshalb weit genommen werden, sonst gerät man auf den inneren Randstreifen. Doch selbst wenn die Führungshunde bereitwillig einen weiten Bogen laufen, nehmen die hinteren die Kurve immer enger. Mit der Folge, dass der Schlitten irgendwann von der Fahrbahn abkommt oder gegen ein Hindernis prallt.

Na, besten Dank.

Zum Glück reißen die Hunde mit Wonne die Kilometer herunter, und trotz aller Probleme mit dem Rollschlitten lasse ich mich von ihrer Freude am Laufen anstecken.

Es geht wieder bergauf. In größerer Höhe liegt hier und dort an vor der Sonne geschützten Stellen etwas Schnee. Sonst ist er überall geschmolzen. Gegen die Kälte, die jetzt herrscht, kann die Sonne nicht mehr viel ausrichten. Der Winter hat Einzug gehalten und wird Sibirien bis zu den ersten Märztagen nicht mehr aus seinen Klauen lassen. Wir brauchen ihn, damit all die Flüsse und Bäche zufrieren, auf denen die Hunde und ich reisen werden. Jetzt fehlt nur noch der Schnee.

Doch in der Ferne auf den Bergen, auf die wir zusteuern, sehe ich welchen.

Die Kilometer fliegen nur so vorüber, denn diese Wahnsinnshunde galoppieren in einem höllischen Tempo, und dann geschieht das Unvermeidliche.

Auf einer etwas steilen und leicht kurvigen Abfahrt rammt der Schlitten einen großen Stein. Alles geht so schnell, dass ich das Unheil nicht kommen sehe. Ich werde durch die Luft geschleudert und lande unsanft auf Quebec und Tchito. Die Hunde, jäh in ihrem Vorwärtsdrang gestoppt, stehen wie erstarrt und sehen mich fassungslos an. Das dicke, elastische Stück, das als Ruckdämpfer in der Leine dient, nützt nicht sonderlich viel, wenn Hunde auf einer Strecke von dreißig Zentimetern von 15 km/h auf null heruntergebremst werden – so lang ist nämlich diese elastische Leine!

Ich rappele mich mühsam hoch, aber ich bin noch mal glimpflich davongekommen. Ein paar blaue Flecken werden mir als Andenken bleiben, mehr nicht. Der Unfall bringt mir zu Bewusstsein, wie anfällig das ganze Unternehmen ist. Ein kleiner Fehler, ein Sturz, und alles kann ganz schnell zu Ende sein. Ich brauche mir nur ein Bein oder einen Arm zu brechen. Ich gehe von Hund zu Hund. Bei einigen Geschirren sind die Nähte geplatzt.

Tchito ist völlig verstört, denn er ist überzeugt, dass er den größten Fehler seines Lebens gemacht hat. Ich bin auf ihn gestürzt, für sein Hundehirn ist das Beweis genug. Ich ergehe mich in Entschuldigungen und ziehe alle Register, um ihn zu beruhigen und ihm klarzumachen, dass ihn keine Schuld trifft. Wie immer sieht er mich merkwürdig an, nicht wirklich überzeugt, sondern eher froh, dass alles ohne größeren Schaden abgegangen ist. Ganz anders Quebec. Wenn er könnte, würde er über die ganze Sache lachen. Von so einer Kleinigkeit lässt er sich nicht aus der Bahn werfen.

Der intelligente Gao hat begriffen, dass er für den Unfall nichts kann, denn ich habe ihm keinen Vorwurf gemacht. Er wartet brav auf das Kommando zum Weiterlaufen. Taran wird ungeduldig, zappelt und bellt und veranlasst Abache und Kurvik, ihm nachzueifern. Sie stimmen in sein Gekläff ein und beginnen, ruckweise zu ziehen.

Ich ersetze zwei beschädigte Geschirre, mache den Schlitten klar, der dank der Verstärkungen, die wir in weiser Voraussicht vor den Rädern angebracht haben, bei dem Aufprall keinen Schaden genommen hat, und fahre weiter.

Das Tal öffnet sich, und wir gelangen auf eine Hochebene, die von einer hauchdünnen Schneedecke bedeckt ist. Doch ich mache mir keine falschen Hoffnungen. Bis zum Fluss müssen die Räder dranbleiben.

Dort angekommen, haben wir keine Wahl mehr. Der Weg endet hier.

Ich schraube den Rollwagen ab und setze mit unverhohlener Freude die Kufen meines Schlittens in den Schnee, der das zugefrorene Flussbett bedeckt. Die Hunde wälzen sich lustvoll in der weißen Pracht, bevor sie sich zu Kugeln zusammenrollen, um ein wenig auszuspannen. Wir laden den fahrbaren Untersatz in die Choupinette, die nach Orlik zurückfahren wird. Unser Geländefahrzeug wird unseren Anhänger zum nächsten Sammelpunkt kurz vor Kysyl schleppen und dabei auf seiner nördlichen Route einen Umweg von über zweitausendfünfhundert Kilometern zurücklegen. Verantwortlich für den Anhänger ist Andrej.

Noch so ein Fall, dieser Andrej.

Als ehemaliger Fremdenlegionär und mithin als Mann mit dunkler Vergangenheit ist Andrej das genaue Gegenteil dessen, was man erwartet, wenn man seinen Lebenslauf gelesen hat. Er ist ein prima Kerl und ein herzensguter Mensch, die Zuverlässigkeit und Nettigkeit in Person. Allerdings kann er mit seiner Trägheit und Antriebsschwäche den einen oder anderen in bestimmten Situationen zur Weißglut bringen.

Der Anhänger enthält alle unsere Ersatzteile. Für mich einen Reserveschlitten, jede Menge Haken, Holme, Booties, Geschirre ... sowie gefriergetrocknetes Futter und diverse Heilmittel, mit denen ich den Hunden die Muskeln und Pfoten einreibe und massiere.

Das Ministerium für Katastrophenschutz war uns bei der Einrichtung von Depots entlang der Strecke sehr behilflich. Unter seiner Aufsicht wurden Proviant und Ausrüstung von Moskau aus an acht Versorgungsstationen geschickt, die man uns zur Verfügung gestellt hat.

Mit fünfzehn Kilo Futter pro Hund kann ich maximal zehn Tage ohne Nachschub auskommen, und das ist mehr als genug. Dank der Depots betragen die Distanzen, die wir zurücklegen müssen, nie mehr als achthundert Kilometer.

Der Schnee bedeckt den ganzen Fluss nicht gleichmäßig, weil sich die Eisdecke an manchen Stellen erst spät nach dem letzten Schneefall gebildet hat. Ich erkläre den Hunden, dass sie noch Geduld haben müssen. Gao legt den Kopf auf die Seite und schaut mich an, als versuche er zu verstehen. Den anderen ist es völlig schnuppe, sie wollen einfach nur weiter. Nach einer Stunde Erholung stehen sie schon wieder, schütteln sich und zeigen ihre Ungeduld durch Winseln und Kläffen.

Kaum habe ich den Schneeanker gelöst, fliegt der Schlitten förmlich davon. Sofort verspüre ich das angenehme Gefühl des Gleitens. Im Galopp erreichen die Hunde schnell die erste Flussbiegung. Gleich werde ich den Blicken derer entschwinden, die mich bis hierher begleitet haben. Sascha kehrt nach Frankreich zurück und wird erst zwei oder drei Wochen vor der Ankunft wieder zu uns stoßen. Ich winke ihm zu. Ich weiß, dass ihn der Abschied berührt, und mir geht es nicht anders.

»Bis bald, Sascha, am anderen Ende von Sibirien!«

Bei diesem Tempo erreichen wir bald die erste Eiszone. Ich muss den Eifer der Hunde bremsen.

»Sachte, Gao! Sachte!«

Sie sind von allein langsamer geworden. Gao gehorcht meinem Befehl und bleibt auf dem Eis, aber das ist offensichtlich nicht nach jedermanns Geschmack. Viele zieht es zur nahen Böschung, aber dort ist kein Durchkommen. Dichtes Erlen- und Weidengestrüpp und Felsbrocken machen die Ufer unpassierbar.

Gao und Churchill bleiben auf Kurs, aber Yukon und Abache muss ich scharf im Auge behalten. Unablässig suchen sie nach einem Fluchtweg. An manchen Stellen könnten sie mit einem einzigen Satz das Ufer erreichen. Irgendwann kommt es zu einem Gerangel zwischen denen, die ihnen folgen wollen, und den anderen, die aus Angst vor einem Anpfiff lieber auf dem Eis bleiben möchten. Doch lange bleiben sie dort nicht. Auf dem glatten Geläuf können sie dem Ziehen und Zerren der Landgänger, die jetzt festen Boden gewonnen haben, nicht standhalten.

Ich muss also anhalten, was mit einigen Schwierigkeiten verbunden ist, denn die Bremse greift auf dem Eis ebenso wenig wie der Anker, dann die verhedderten Leinen entwirren und alle wieder auf ihren Platz stellen.

»Alles in Ordnung, Gao! Alles in Ordnung!«

Ich stauche keinen zusammen, nicht einmal Yukon, Abache oder Harfang, die Rädelsführer bei allen unerlaubten Ausflügen, denn was ich von ihnen verlange, ist völlig wider die Natur.

Das neue Eis ist spiegelglatt, und ich kann es kaum mit ansehen, wie sie immer wieder ausrutschen und hinfallen. Zum Glück sind diese Abschnitte selten lang, und wir erreichen meist schon nach kurzer Zeit wieder eine dünne Schneedecke, auf der sie sofort in Galopp fallen und die Freude am Laufen wiederfinden. Bis zur nächsten Eiszone.

Aber mit der Zeit begreifen die Hunde, dass sie jedes Mal wieder aufs Eis gestellt werden, wenn sie festen Boden zu erreichen suchen, und dass sie für diese Passagen nie sehr lange brauchen. Außerdem treffen wir häufig auf einen schmalen Streifen Schnee, den der Wind an eines der beiden Ufer geblasen hat. Dort finden sie besseren Halt. Alles in allem kommen wir viel besser voran, als ich befürchtet habe, und bald bringen wir die letzte lange Eisbahn hinter uns. Dahinter bedeckt eine gleichmäßige Schneeschicht den Fluss. Sie ist dünn, reicht aber aus.

»Los, meine Hunde!«

Ein wohliger Schauer läuft mir über den Rücken, als ich spüre, wie sie beschleunigen, endlich frei und daher außer sich vor Freude. Sonnenlicht überflutet das Tal und bringt die Landschaft, die wir in vollem Tempo durchqueren, zum Gleißen. Rings um uns recken sich Berge in den blauen Himmel, und der Fluss durchquert in vielen Windungen einen schönen Birken- und Kiefernwald, der sich von Zeit zu Zeit lichtet und Bauernhöfen mit großen gerodeten Flächen Platz macht.

Es ist herrlich.

Am liebsten würde ich stunden- oder sogar tagelang so dahingleiten, doch leider ist das Vergnügen nicht von langer Dauer. Der Fluss, der zu Anfang noch breit war, verengt sich immer mehr, je tiefer wir in das Tal vordringen. Bald müssen wir ihn verlassen, denn er wird zum Wildbach. Aber zum Glück liegt hier oben, in größerer Höhe, etwas mehr Schnee. Gut fünfzehn Zentimeter bedecken die Ufer. Die Pistenmacher sind hier vom Flussbett abgebogen und einem Bergpfad gefolgt, auf dem die Burjaten im Sommer ihre Kühe und Pferde auf die Hochalmen treiben.

Die Burjaten lassen ihre Herden niemals allein, denn bis zur mongolischen Grenze sind es nur zwanzig

Kilometer, und viele Geschichten berichten davon, wie die Mongolen ihr Vieh stehlen. Wenn es zu Zusammenstößen kommt, enden diese blutig. Es wird kein Pardon gegeben, das heißt, es werden keine Gefangenen gemacht. Es gibt keine Verwundeten, nur Tote, die man verächtlich bespuckt und dann den Fliegen und Raben überlässt.

Der Hass ist grenzenlos. Doch hinter den Worten der Burjaten ist ein gewisser Respekt vor ihrem mutigen Feind zu spüren, dessen Ausdauer sie loben. Die Mongolen, so sagen sie, können tagelang marschieren, ohne zu rasten, und kauen dabei Kuhsehnen als einzige Nahrung.

Der in die Bergflanke geschnittene Pfad führt steil nach oben. Ein paar große Birkhühner fliegen geräuschvoll von den Wipfeln majestätischer Kiefern auf. Es sind immer dieselben Hunde, nämlich Quebec und Abache, die sie als Erste bemerken. Beim kleinsten Geräusch recken sie den Hals, strecken die Nase in die Luft und erschnuppern den schwächsten Wildgeruch. Tchito lässt sich kaum dazu herbei, den Kopf zu heben. Dieses Vergnügen überlässt er den anderen, als sei es ihm selbst verboten. Gao wiederum hat dafür keine Zeit, denn er muss die Tempoverschärfung in den Griff bekommen, die eine solche Abwechslung unvermeidlich nach sich zieht. Er gestattet sich nur einen kurzen Blick auf die Vögel und widmet sich sofort wieder seiner Pflicht, die darin besteht, jede ungehörige Kursabweichung der Meute zu unterbinden.

Plötzlich beschleunigen die Hunde erneut, und ich denke schon, sie hätten ein Wild gewittert, da tauchen vor uns zwei Reiter auf. Sie kommen den Pfad herunter, die Sättel mit großen gefrorenen Fleischvierteln beladen. Mit ihren umgehängten Karabinern, ihrer Lederkleidung und ihren Pelzen wirken diese Dersu Uzalas* wie einem historischen Abenteuerfilm entsprungen. Mit den wenigen Brocken Russisch, die ich spreche, erkundige ich mich, in welcher Höhe sie waren, doch sie kommen aus einem anderen kleinen Tal und nicht aus dem, das zum Pass führt. Sie sagen, dass da oben sehr viel Schnee liege, und deuten auf die Brust ihrer Pferde, um mir zu zeigen, dass sie so tief eingesunken seien.

Erregt durch die Anwesenheit der Pferde und den Geruch des Fleisches zerren die Hunde wie von Sinnen an den Leinen. Hätte ich den Anker nicht hinter einem Baum verkeilt, hätten sie ihn schon längst aus dem Schnee gerissen. Die Burjaten wünschen mir viel Glück und reiten vorsichtshalber in einem weiten Bogen um die Hunde herum, ehe sie ein Stück weiter unter wieder auf den Pfad zurückkehren.

Die Sonne versinkt hinter den Bergen, als wir unseren Weg fortsetzen. Bald wird sich die Kälte über das Land legen, uns in Raureif hüllen und nicht mehr aus ihrem eisigen Griff lassen.

---

* Dersu Uzala, Protagonist des Oscar-prämiierten Films »Uzala, der Kirgise« von Akira Kurosawa (1975). Der Film basiert auf dem Roman *Dersu Uzala, der Taigajäger* von Wladimir Arsenjew.

SECHS

Im Gebirge

KURVIK IST EIN BERGNARR. ER LIEBT DIE BERGE MIN-
destens ebenso sehr wie ich, und das will einiges heißen. Wird er neben Gao angespannt, bestimmt er den
Rhythmus und zwingt dem Gespann sein Tempo auf.
Doch die anderen folgen ihm nur zu gern, denn in dem
Tal, das wir hinaufsteigen, riecht es überall verlockend
nach Hase und Schneehuhn. Vögel schwingen sich vor
ihrer Nase in die Lüfte, und bei der Vorstellung, einen
oder zwei von ihnen zu erwischen, geraten die Hunde
völlig aus dem Häuschen. Die Bäume werden immer
kümmerlicher, ehe sie schließlich ganz verschwinden
und einer kahlen Hochebene weichen. Der Blick reicht
weit, und ich halte nach Mufflons und Steinböcken
Ausschau, die hier oben sehr zahlreich sind, wie ich
weiß. Im Sommer habe ich Hunderte gesehen, aber
jetzt lassen sich keine blicken.

Ich kreuze mehrere Luchsfährten und nehme sie
genau in Augenschein: Sie ähneln nämlich der Spur
des Schneeleoparden, und die Gelegenheit, einen
Schneeleoparden zu sehen, möchte ich mir auf keinen
Fall entgehen lassen. Ich träume davon, einen zu Gesicht zu bekommen, doch ich weiß, dass die Wahr-

scheinlichkeit bei eins zu tausend liegen dürfte. Meine Chancen, zumindest auf eine Fährte zu stoßen, sind hingegen erheblich besser.

Obwohl sich die Temperatur um −45 °C einpendelt, bin ich leicht angezogen, denn bei der Arbeit hinter dem Schlitten wird einem schnell warm. Ich muss häufig hinter ihm herlaufen, ihn auf eine Kufe stellen, um eine Schräge zu nehmen, ihn ziehend oder schiebend über eine Böschung wuchten. Aber es macht mir Spaß, all die Schwierigkeiten dieses Hindernisparcours zu meistern. Hier können die Hunde und ich zeigen, was in uns steckt und wie gut wir harmonieren.

»Gee, Gao, ja! Ja, weiter. Und jetzt Yap! Ja.«

Und schon ist ein umgestürzter Baum elegant umkurvt. Quebec hat das Manöver begriffen und zieht den Schlitten zur Seite, während ich ihn stark kippe, damit Quebec nach vorn durchstarten kann. In solchen Fällen sind wir wie zwei Motorradfahrer, die sich zusammen in die Kurve legen.

Tchito, wie immer neben Quebec angespannt, macht seinem verehrten Meister und Beschützer alles nach. Eifrig guckt er sich jeden Schritt und jede Bewegung von ihm ab, allerdings stets mit einer kleinen Verzögerung, die ihm aber niemand übel nehmen kann. Die beiden bilden ein lustiges Gespann. Der Chef und sein Calimero.

Gegen Mittag lege ich eine eineinhalbstündige Pause in der Sonne ein. Die Hunde dürfen sich ausruhen und sich in ihren wohltuenden Strahlen rekeln, die jetzt so selten sind. Aus den Karten weiß ich, dass wir in tief eingeschnittene Täler gelangen werden, deren Grund kein Sonnenstrahl mehr erreicht.

Ich mache es mir auf meiner Daunenjacke bequem, die ich gegenüber den Bergen im Schnee ausgebreitet habe. Von meinem Platz aus kann ich das gesamte Tal überblicken, das wir auf dem Weg zu diesen Hochalmen durchquert haben. Ich fühle mich gut, endlich wieder in meinem Element! Viel besser als auf der Straße, auf der ich mich viel zu lange mit diesem verdammten Rollwagen herumärgern musste. Ich weiß, dass mir schwierige Tage bevorstehen, aber mir ist nicht bange. Ich habe mich sogar im Verdacht, dass ich sie mit einer gewissen Ungeduld herbeisehne. Denn hinter dem Pass werde ich in eine andere Welt eintauchen, in einen Lebensraum fernab von den Menschen. Ich reise gern durch unzugängliche Täler, in denen nur wilde Tiere leben.

Gegen Abend kommt eine Art kleine Schäferhütte in Sicht, und zu meiner Verwunderung sehe ich, dass die Pistenmacher daneben ihr Zelt aufgeschlagen haben. Ich bin überrascht und ziemlich beunruhigt, denn es kann nur bedeuten, dass sie den Pass noch nicht überquert haben. Niemand ist da. Sie haben einen Lastschlitten und einen Großteil ihrer Ausrüstung zurückgelassen. Ich schließe daraus, dass sie mit leichtem Gepäck losgezogen sind, um eine Passage auszuprobieren, die offensichtlich schwierig ist, sonst hätten sie nicht so viel Zeit verloren. Ich habe sie also eingeholt und bin drauf und dran, sie zu überholen, denn morgen werde ich mit ihnen zusammen aufbrechen.

Das schlimmste denkbare Szenario.

Die Hunde werden im Schnee versinken, denn die Piste hat keine Zeit zu gefrieren.

Wie ist es möglich, dass wir schon kurz nach dem Start in diese Lage geraten, wo wir doch alles Erdenkliche getan haben, um ebendies zu vermeiden? Das nervt mich, wie ich offen gestehen muss. Niemand hat ernsthaft damit gerechnet und sich überlegt, was in einem solchen Fall zu tun ist.

Ich schirre die Hunde aus und beginne gerade, sie zu füttern, als Scheinwerfer die Nacht durchschneiden. Das Team der Pistenmacher kehrt zurück. Sie haben auf einer Strecke von über fünfhundert Metern tonnenweise Schnee geschaufelt, um auf dem Anstieg zum Pass eine Piste anzulegen, die nicht zu steil ist.

Sie sind erschöpft und todmüde. Der heutige Tag war sehr lang und für sie umso schwieriger, als sie sich bewusst waren, welche Probleme der Zeitverlust nach sich ziehen würde.

Im Morgengrauen wollen sie wieder aufbrechen und hinter dem Pass weitermachen. Ich sage nichts, aber schon jetzt ist klar, dass aus ihrem viel zu geringen Vorsprung immer gravierendere Probleme erwachsen werden, und das schon morgen.

Die Folgen sind abzusehen, und ich spreche darüber mit Thierry, der das genau versteht.

»Bald muss ich da vorn wieder allein zurechtkommen.«

Wozu sind also Schneemobile gut?

Zu nichts …

Alle zwei bis drei Stunden werden Snacks
verteilt: Energieriegel für Hunde, die eigens
für meine Truppe entwickelt wurden.

Links: Die Hunde, die unmittelbar vor dem Schlitten laufen, müssen sehr kräftig sein und ihn in der Spur halten können. Der Musher versucht, durch Einsatz der Kufenkanten und Verlagerung seines Gewichts den Schlitten so zu lenken, dass er möglichst »flüssig« gleitet.

Bei einem Zwischenstopp gehe ich von Hund zu Hund, spreche und schmuse mit jedem Einzelnen, was ihnen genauso gefällt wie mir.

Gao ist ein außergewöhnlicher Leithund, der seine Aufgaben stets erfüllt hat. Nur in brenzligen Situationen hat er etwas Stehvermögen eingebüßt. Aber Taran leistet ihm wertvolle Hilfe

Bei jedem Stopp, der länger als eine halbe Stunde dauert, entzünde ich ein Feuer, um mich aufzuwärmen und Wasser zu »machen«. Als Nachtlager dient Tannenreisig, auf das ich eine Rentierhaut und einen Schlafsack lege.

Es ist nicht immer leicht, trockenes Holz zu finden. Neigt sich der Tag dem Ende zu, hält man auf dem Schlitten nach morschen Bäumen Ausschau, denn sie liefern das beste Brennholz.

Zum Wassermachen eignet sich am besten Eis, denn man braucht die
fünffache Menge Schnee, um dieselbe Menge Wasser zu erhalten.
Die Sibirier lagern das gefrorene Nass kubikmeterweise vor ihren Häusern:
kein fließend Wasser, dafür Eis in Selbstbedienung.

SIEBEN

Der Pass

DIE GEGEND IST MÄRCHENHAFT. EINE ART TALKES-
sel, bekrönt von Felskämmen, die in der untergehen-
den roten Sonne um die Wette glühen. Der Pass öffnet
sich nach Westen und überragt einen Teil dieser
schroffen Landschaft.

Der Aufstieg gestaltet sich leicht auf der gefrorenen
Piste, der man ansieht, wie viele Schaufelstiche sie
erfordert hat. Diese Piste ist unverzichtbar, wenn man
mit dem Schneemobil nach oben will, aber die Hunde
hätten sie nicht gebraucht. Sie wären auch so hinaufge-
kommen. Oben auf der Passhöhe können die Schneemobile, die sich erneut verspätet haben (weil sie bei
−45 °C schwer anspringen) nicht weiter. Ein Teil der
Fahrer muss zurückfahren und die Ausrüstung holen,
die sie am Fuß des Passes zurückgelassen haben. Sie
verlieren also noch mehr Zeit, und ich sitze mit den
Hunden hier oben fest, auf einem windigen Pass, auf
dem es keine Bäume und folglich keinen Schutz gibt.

Anthony und der uns begleitende Burjate sind mit
Schneeschuhen und Skiern vorausgegangen, um den
Abstieg zu erkunden, bevor sie ihn mit den Schneemo-
bilen in Angriff nehmen.

Wir heften uns an ihre Fersen. Die Hunde sinken tief ein, stapfen aber unerschrocken weiter. Ich koche vor Wut bei dem Gedanken, dass diese Piste jetzt gefroren wäre, wenn sie nicht erst heute, sondern bereits gestern gespurt worden wäre. Die Hunde hätten munter traben können. So aber haben sie bei jedem Schritt zu kämpfen und vergeuden unnötig kostbare Energie.

Das Plateau, das sich hinter dem Pass vier bis fünf Kilometer weit erstreckt, ist herrlich und bietet einen weiten Ausblick über die endlose Bergkette. Drei Kilometer weit geht es kaum merklich bergab. Wir überqueren einen ersten, dann einen zweiten Gebirgssee. Plötzlich schwenkt die Piste auf einen Steilhang ein, auf dem ein paar verkrüppelte Kiefern wachsen.

Die Spuren meiner beiden Pistenmacher trennen sich. Die eine führt rechts, die andere links um eine kleine Felsnase herum in das Tal, das fünf- bis sechshundert Meter unter uns zu erahnen ist. Ich halte das Gespann an, schnalle mir meine Schneeschuhe unter und untersuche die Spuren, um festzustellen, welche die bessere ist.

Hier liegt der Schnee über zwei Meter hoch, und jeder Versuch, ohne Schneeschuhe voranzukommen, wäre zum Scheitern verurteilt.

Ich folge der ersten Spur in der Hoffnung, dass sie sich später wieder mit der zweiten vereint, die steil den Hang hinabführt. Doch schon bald bemerke ich, dass der Burjate wieder umgekehrt ist. Das bedeutet, dass dieser Weg nicht in Betracht kommt. Damit ich nicht wieder hinaufsteigen muss, kürze ich quer über den Hang ab. Früher oder später, so sage ich mir, muss ich auf die andere Skispur stoßen. Das ist mein erster Fehler. Was ich zu diesem Zeitpunkt nämlich nicht weiß: Diese Spur gabelt sich ein Stück weiter oben. Und die, auf die ich stoße, ist zufällig die falsche.

Ich laufe mit den Schneeschuhen zweimal hin und her, um eine Piste festzustampfen, und führe die Hunde bis zu der Skispur, doch zu meinem Erstaunen entdecke ich keine Abdrücke von Schneeschuhen. Ob Anthony und der Burjate zwei verschiedene Abstiege gewählt haben? Das erscheint mir widersinnig. Schließlich sollen sie ja gemeinsam eine Piste spuren. Ich führe die Hunde weiter, denn ich gehe davon aus, dass dort, wo ein Skiläufer durchkommt, auch ich durchkomme, egal wie steil es wird. Bei dieser Schneehöhe kann man fast jedes Gefälle meistern. Es besteht keine Gefahr, dass der Schlitten oder die Hunde in die Tiefe gerissen werden. Notfalls kann man den Schlitten auf die Seite legen.

Gao nimmt den Hang furchtlos in Angriff. Der neben ihm angespannte Kurvik zaudert ein wenig, denn er liebt das Klettern, und ein Abstieg im Tiefschnee ist weniger nach seinem Geschmack. Sie müssen wirklich mächtig strampeln, meine armen Lieblinge! Ich ermuntere sie so gut ich kann und versichere ihnen, dass es bald besser wird. Am Fuß des Hangs erwartet uns das Tal. Der Burjate hat sogar behauptet, dass es da unten eine heiße Quelle gibt. Angeblich speist sie eine Art natürliches Becken, in dem man sommers wie winters baden kann. Mir ist nicht recht klar, woher er das weiß, denn im Winter kommt ja nie ein Burjate hierher … Aber gut, wir werden sehen.

Die Piste führt schnurgerade zwischen Kiefern und dicken Felsblöcken hindurch, die sich hier gegenseitig den Platz streitig machen. Es wird ganz schön steil. Beherzt hüpfen die Hunde durch den tiefen Schnee, in dem sie rasch ermüden. Trotz der eisigen Kälte bricht mir Schweiß aus allen Poren, und als der ohnehin schon steile Hang noch steiler wird, kommen mir erste Bedenken. Sollte sich herausstellen, dass diese Piste nirgendwo hinführt, wäre ich nicht in der Lage, wieder nach oben zu klettern. Aber dazu ist es obendrein schon zu spät. Ich blicke mich um. Umkehren ist unmöglich.

Dann also weiter.

Mein zweiter Fehler!

»Los, Gao!«

Der Hang nimmt kein Ende. Wenn wir unten sind, machen wir eine Pause. Die Hälfte haben wir schon geschafft. Die Talsohle ist so nahe, dass ich das Rauschen des Baches höre. Das Gefälle ist jetzt so extrem, dass ich die Leithunde nicht mehr sehe. Ich bin gezwungen, den Schlitten auf die Seite zu legen, damit er mir nicht wegrutscht. Plötzlich gehen die Hunde nicht weiter.

Nichts zu machen.

Ich rede Gao gut zu. Vergeblich. Er weigert sich, auch nur einen Schritt zu tun.

Und das aus gutem Grund!

Vor ihm geht es in die Tiefe. Hinter dem kleinen Felsen, an dem er stehen geblieben ist, tut sich ein Abgrund auf. Links und rechts zwei kleine Bergvorsprünge voller Geröll, die ein Ausweichen unmöglich machen. Es gibt keinen Ausweg, auf keiner Seite.

Der Skiläufer hat die Skier abgeschnallt und ist auf einen der beiden Vorsprünge geklettert. Wir können ihm nicht folgen, ausgeschlossen. Wir sitzen in der Falle.

Ich blicke wieder nach hinten oder vielmehr nach oben, den Hang hinauf, den wir heruntergekommen sind, und ich stoße einen lauten Seufzer aus.

Normalerweise ist es unmöglich, mit zehn Hunden und einem Schlitten, der mit drei Zentnern Proviant und Ausrüstung beladen ist, da hinaufzuklettern. Aber es wird uns nichts anderes übrig bleiben.

Ich gönne mir eine zehnminütige Pause, dann stapfe ich den Hang hinauf, um festzustellen, ab welcher Stelle ich mit dem Schlitten weiterkönnte. Mindestens zweihundert Meter trennen mich von dieser Stelle. Ich kehre zu den Hunden zurück, mache zwei, Kurvik und Taran, von der Zugleine los und steige mit ihnen und dem »Stake-out« wieder nach oben bis zu besagter Stelle. Das »Stake-out« ist ein zwölf Meter langes Stahlseil mit Auslegern, an denen man die Hunde getrennt voneinander in einer Reihe festmachen kann, damit sie sich ausruhen können.

Der Aufstieg ist keine Kleinigkeit, und ich mache mir Vorwürfe, weil ich mich über die armen Hunde aufrege, die für diesen Schlamassel nun wirklich nichts können. Alles ist meine Schuld. Meine Ungeduld hat mich dazu verleitet, die elementarsten Vorsichtsmaßregeln außer Acht zu lassen. Ich allein habe uns das eingebrockt. Also, beruhige dich!

Aber ich kann mich nicht beruhigen. Ich bin wütend

auf mich selbst, und zwar mit gutem Grund. Es ist eine Quälerei.

Ich brauche eine Viertelstunde, um die beiden Hunde nach oben zu bringen, auf den letzten hundert Metern jeden einzeln. Ich befestige das Stake-out zwischen zwei Bäumen, dann steige ich wieder nach unten, um Harfang und Narsuak zu holen. Die beiden sind davon nicht sonderlich begeistert. Kein Wunder. Selbst für einen Hund hat es etwas Deprimierendes, denselben Weg, den man soeben unter größten Schwierigkeiten bewältigt hat, zurückzugehen, noch dazu steil bergauf.

Sie verstehen es nicht. Wie sollten sie auch?

Nach einer Stunde habe ich sechs Hunde nach oben geschafft, wenn man es so nennen kann. Churchill und Gao kraxeln allein hinauf, denn sie wissen, dass die anderen oben sind. Das motiviert sie. Außerdem ist die Piste vom vielen Hin- und Herlaufen mittlerweile gut festgestampft. Quebec und Tchito, die beiden letzten, lasse ich angespannt, nachdem ich den Schlitten fast komplett entladen habe. Meter für Meter ziehen wir den Schlitten nach oben. Ich kann nicht mehr, aber das geschieht mir ganz recht!

Jetzt muss ich »nur« noch das Gepäck nach oben schaffen. Ich absolviere weitere sechs Aufstiege, und danach bin ich fix und fertig. Dafür haben die Hunde Zeit gehabt, sich auszuruhen, und bekunden eine gewisse Lust, den ungemütlichen Hang zu verlassen. Sie machen mir ein wenig Mut. Ich schirre alle wieder an und gebe das Startkommando. Doch der beladene Schlitten ist zu schwer. Sie können ihn nicht den Berg hinaufziehen. Ich lade ein paar Säcke ab. Dann versuchen wir es noch einmal. Wir kommen nur ruckweise voran, immer nur ein paar Meter am Stück. Ich rede den Hunden gut zu. Sie geben alles, aber der Hang ist wirklich steil, furchtbar steil.

»Heiii!«

Überrascht über den Ruf, der von nirgendwo herzukommen scheint, drehe ich den Kopf, und schließlich entdecke ich weiter oben auf einem kleinen, überhängenden Felsen den Burjaten. Er winkt mir zu. Seinem Kopfschütteln und seinen Gesten entnehme ich, dass er mich für einen Vollidioten hält, weil ich hier unten bin, und er hat wohl recht. In der Zeit, die er braucht, um zu mir zu stoßen, lege ich weitere hundert Meter zurück, und während ich Teile der Ausrüstung hole, die ich weiter unten zurückgelassen habe, können die Hunde wieder verschnaufen. Aber nun wollen sie nicht mehr weiter. Sie haben die Nase voll und lassen es mich spüren. Ich kann sie verstehen, denn mir geht es genauso.

Obwohl die Stelle nun wahrlich nicht günstig ist, beschließe ich, hier zu übernachten. Unter den wenigen Kiefern, an die ich herankomme, findet sich etwas trockenes Holz. Genug, um ein Feuer zu machen und Schnee zu schmelzen. Alles andere wird sich zeigen. Die Hunde rollen sich zu Kugeln zusammen und schlafen sofort ein. Die Glücklichen! Ich würde etwas darum geben, wenn ich ihrem Beispiel folgen und in meinen warmen Schlafsack kriechen könnte, doch es gibt noch zu tun. Dennoch beschließe ich, mich ein wenig auszuruhen, bevor ich Feuer mache und was sonst noch so anfällt. Ich lege mich auf den Schlitten und schließe die Augen. Die Kälte wird mich schon wecken, falls ich einschlafen sollte.

Doch es ist der Burjate, der mich mit einem breiten Grinsen weckt.

»Was machst du eigentlich hier?«

Ich erkläre es ihm. Er macht sich Vorwürfe, weil er die falschen Pisten nicht zugeschüttet hat, und erbietet sich, uns beim Aufstieg zum Plateau zu helfen, wo es sich bequemer übernachten lässt. Da ich wieder etwas Kraft geschöpft habe und es noch eine gute Stunde hell bleibt, beschließe ich, es zu versuchen. Lieber erwache ich morgen mit unangenehmen Erinnerungen an diesen letzten Aufstieg und der Aussicht, endlich auf dem richtigen Weg weiterzufahren, als die Nacht in diesem Loch zu verbringen.

Die Hunde sind einverstanden. Mein wiedergefundener Optimismus scheint sie aufzumuntern.

»Los, meine Hunde, eine letzte Anstrengung.«

Sie ziehen, und der Schlitten kriecht den Hang hinauf, Meter für Meter. Ein paar Sekunden Pause, um zu verschnaufen und sich mit den Füßen eine Kuhle zum Abstoßen zu graben, dann das Kommando zum Ziehen, während wir von hinten schieben.

Endlich flacht die Steigung ab. Die Hunde erkennen die Stelle wieder und legen sich noch einmal mächtig ins Zeug, bis wir wieder ebenes Gelände erreichen. Dort halten wir an, um zu übernachten. Der Tag neigt sich dem Ende zu, und wir gehen eilends auf Brennholzsuche. Leider findet sich kein einziger morscher Baum, und so bleibt uns nichts anderes übrig, als hier und dort ein paar tiefe Äste abzusägen.

Ich lege unsere Schlafsäcke auf eine dicke Schicht

Tannenreisig und falle schier um vor Müdigkeit ... Die Kälte lässt eine eisige, aber schöne, windstille Nacht erwarten, und ein fast voller Mond taucht die Landschaft in sein milchiges Licht.

ACHT

Probleme im Team

WEITER HINTEN GEHT NICHTS, WIE MIR DIDIER UND Rock berichten, die inzwischen zu uns gestoßen sind. Auch sie haben es am gestrigen Tag nicht geschafft, den Pass zu überqueren.

Da wir alles neu organisieren müssen, beschließe ich, den Hunden, die gestern viel geleistet haben, einen Tag Ruhe zu gönnen, obwohl die Örtlichkeit nicht sonderlich geeignet ist. In der Zwischenzeit werden Anthony und der Burjate zu einem Erkundungsgang aufbrechen und nur das Notwendigste an Gepäck mitnehmen: Schlafsack und Proviant für ein paar Tage. Rund sechzig Kilometer trennen uns noch von der Stelle, an der wir mit dem Trapper aus der Republik Tuwa verabredet sind. Mit Skiern und Schneeschuhen brauchen sie dafür vier, höchstens fünf Tage. Ich dürfte sie bald einholen, dann reisen wir zusammen. Was die Schneemobile angeht, so ist nicht damit zu rechnen, dass sie durchkommen. Selbst die richtige Piste ist furchtbar steil und hat viele Schrägen. Und im Tal, so berichtet Anthony, ist das Fortkommen sehr beschwerlich.

Ich schlage daher vor, dass alle Schneemobilisten

nach Orlik zurückkehren. Sie sollen ihre Maschinen auf einen Laster verladen, den weiten Umweg auf der Straße fahren und auf der anderen Seite wieder zu uns stoßen. Doch Didier und Rock wollen sich noch nicht geschlagen geben. Sie beschließen, mit möglichst leichtem Gepäck den Hang zu erkunden und alles, was sie nicht mitnehmen, bei den anderen zu lassen. Da wir wussten, wie schwer diese Etappe wird, verstehe ich nicht, wieso sie nicht schon bei der Abfahrt aus Orlik allen unnötigen Ballast abgeworfen haben. Solche kleinen Fehler, die schwerwiegende Folgen haben, häufen sich, und erste Kritik an der Organisation wird laut. Ich versuche, mir einen Gesamtüberblick zu verschaffen, aber genau genommen ist das gar nicht meine Aufgabe. Nun, da wir unterwegs sind, müsste eigentlich jedes Team eigenverantwortlich handeln und seine Probleme selbst in den Griff bekommen, aber das ist leider nicht der Fall. Allein die Tatsache, dass wir alle wieder zusammen sind, obwohl mir die Pistenmacher weit voraus sein müssten, spricht Bände.

Ich möchte, dass Didier und Rock den Hang erkunden, bevor sie ihn hinunterfahren, aber sie brechen auf, ohne zu wissen, ob sie den Berg notfalls wieder hinaufkommen. Was ist, wenn sich das Tal als unüberwindliches Hindernis erweist? Wie kommen sie dann aus diesem Loch wieder heraus?

Didier und Rock wollen sich diese Frage nicht stellen. Sie wissen, dass sie hinter mir nutzlos sind, deshalb wollen sie keine Zeit mehr verlieren und fahren mit gesenkten Köpfen los.

Ich bin skeptisch.

Ich verbringe den Abend mit Thierry, der zu mir gestoßen ist, um noch ein paar Filmaufnahmen zu machen, ehe wir uns trennen. Am Lagerfeuer halten wir eine Lagebesprechung ab: Ich gerate zunehmend in Verzug, und wenn ich noch mehr Zeit verliere, wird das schwerwiegende Konsequenzen haben. Vor allem sprechen wir darüber, wie problematisch es ist, gleichzeitig eine so schwierige Expedition und Filmaufnahmen zu organisieren. Thierry glaubt nicht, dass man beides gut machen kann. Er ist Perfektionist und mag keine halben Sachen.

Pierre hatte diese Passage im Sommer erkundet und vor dem schwierigen Hang gewarnt, und er hatte recht. Der Abstieg ist wirklich halsbrecherisch, und dass Didier und Rock mit ihren Schneemobilen vorausfahren, macht die Sache für mich keineswegs leichter. Ganz im Gegenteil. Denn während ich sonst eine möglichst harte Piste brauche, kann sie hier gar nicht weich genug sein, damit ich schön langsam den Berg runterrutschen kann!

Nach zwei schweren Stürzen – beim ersten Mal ramme ich einen Baum, beim zweiten Mal mäht der Schlitten die Hunde nieder, gottlob ohne sie zu verletzen – beschließe ich, auszuschirren. Ich gehe voraus und schiebe den Schlitten vor mir her, die Hunde folgen mehr schlecht als recht. Auf halber Höhe stoße ich auf die noch rauchenden Reste eines Lagerfeuers! Didier und Rock haben hier auf einem Bett aus Tannenreisig geschlafen und sind im Morgengrauen weitergefahren. Sie haben also den ganzen Nachmittag und Abend nur ein paar hundert Meter Vorsprung herausgefahren, was mich nicht überrascht angesichts der Schneemengen, die sie an manchen Stellen wegschaufeln mussten.

Sie können nicht weit sein. Bei ihrem Tempo dürfte ich sie in knapp einer Stunde eingeholt haben.

Nach zwei Dritteln des Abstiegs und zahlreichen Stürzen und Komplikationen aller Art kann ich endlich wieder anspannen. Der Hang wird flacher, und wir gelangen in ein Gelände, das zwar nicht optimal ist – wir wollen nicht übertreiben –, aber doch ein wenn auch mühsames Fortkommen ermöglicht. Das Tal ist schmal und zwischen zwei Bergen eingezwängt, die es wie ein Schraubstock umklammern, und zu allem Überfluss ist der Bach nicht zugefroren, denn er wird von einer heißen Quelle gespeist. Auch die von Erlen und Weiden überwucherten Ufer sind nicht befahrbar. Wir müssen also am Hang weiter, links oder rechts vom Bach, mitten durch den Wald. Anthony und der Burjate haben mit ihren Skiern und Schneeschuhen eine Strecke gewählt, die für die Schneemobile unpassierbar ist. Deshalb haben Didier und Rock versucht, eine eigene Piste zu spuren, und der folge ich. Eine Viertelstunde später habe ich sie eingeholt, so langsam kommen sie in dem unwegsamen Gelände voran. Didier ist ganz geknickt, aber Rock, dieser unverwüstliche Optimist, versichert: »Das ist nur eine schlechte Passage, das Tal wird auf jeden Fall breiter, und dann läuft alles wie am Schnürchen.«

Da ich mich hier nicht nützlich machen kann, beschließe ich, auf die Piste zurückzukehren, die das andere Duo, das mir mittlerweile gut zwanzig Kilometer voraus sein dürfte, weiter oben gespurt hat.

Der Schnee ist tief, und ich komme mit dem schwer beladenen Schlitten kaum von der Stelle. Immer wieder muss ich eine zweihundert Meter lange Piste trampeln, auf der sich die Hunde dann Meter um Meter vorankämpfen. Als wir endlich auf die Spur der anderen stoßen, geht der Tag zur Neige, und ich beeile mich, noch ein paar Kilometer zurückzulegen. Außerdem will ich mir ein Bild davon machen, was mich erwartet. Meine Befürchtungen bestätigen sich. Das ist alles andere, nur keine Piste für zehn Hunde und einen Schlitten. Ständig muss ich unter tief hängenden Ästen durchfahren oder umgestürzte Bäume umkurven, kleine Schluchten und Geröllfelder durchqueren. Das alles ist enorm anstrengend, und als ich schließlich anhalte, bin ich mit meinen Kräften am Ende. In dem engen Tal wird es schnell dunkel, und so entzünde ich im Schein meiner Stirnlampe eilends ein Feuer, baue mir ein Bett aus Tannenzweigen und breite meinen Schlafsack darauf aus.

Einige Zeit später zerreißt das Dröhnen eines Schneemobils die Stille. Es ist Rock. Er hat seinen Lastschlitten abgehängt und ist meiner Spur gefolgt in der Absicht, mir möglichst weit vorauszufahren.

»Didier kommt mit einem Schlitten nach, auf den wir alles gepackt haben«, erklärt er mir. »Den anderen haben wir zurückgelassen. Mit dem Ding kann ich in dieser Wildnis nichts ausrichten ...«

Er verliert keine Zeit und fährt weiter. Wenig später taucht Didier auf, das Gesicht bereits gezeichnet von einer zu kurzen Nacht und einem zu langen, strapaziösen Tag. Es würde mich wundern, wenn sie sehr weit kämen. Sie werden drei Kilometer schaffen, was bei Nacht und unter diesen Bedingungen schon eine Leistung ist.

Die Nacht wird kalt. Ich werde häufig von Yukon und Harfang geweckt, die ständig knurren und bellen, obwohl ich sie getrennt habe. Auch Atemnot reißt mich immer wieder aus dem Schlaf, denn bei extremer Kälte bildet der Raureif in der kleinen Öffnung des Schlafsacks, die den Luftaustausch ermöglicht, eine Art Eispfropfen und verstopft sie. Trotz solcher Unannehmlichkeiten ist die Nacht jedoch bei Weitem nicht die unangenehmste Zeit, wenn man draußen im Schnee kampiert. Relativ warm eingepackt dazuliegen tut so gut, dass man vor Wohlbehagen schnurren könnte. Nein, das Schlimmste ist das Aufstehen, der Augenblick, wenn man die warme Insel, das Innere des Schlafsacks, verlassen muss, denn die Kälte ist wie ein Schlag ins Gesicht. Ich hasse diese Minuten, ehe das Feuer brennt und endlich etwas Wärme spendet, und tue vorher alles, um diese Zeitspanne auf ein Minimum zu verkürzen. Das ist nicht nur eine Frage der Behaglichkeit (sofern man davon überhaupt sprechen kann!), sondern auch des Überlebens, denn wenn es einem nicht gelingt, am Morgen ein Feuer in Gang zu bringen, kann das tragische Folgen haben. Da man die Fäustlinge ausziehen muss, um das Reisig aufzuschichten und anzuzünden, drohen einem die Finger zu erfrieren. Das ist nicht weiter schlimm, wenn das Feuer in Gang kommt, denn hält man sie an die wärmenden Flammen, werden sie rasch wieder durchblutet. Doch im gegenteiligen Fall werden sie steif und unbrauchbar. Das Blut zieht sich aus den Extremitäten zurück, und die Hände werden zu zwei gefühllosen, lächerlich unnützen Klumpen am Ende der Arme, die ebenfalls zu erfrieren beginnen. Davon handelt die Erzählung *Feuer im Schnee* von Jack London, die bekanntlich tödlich endet.

Alle, die im Winter mit mir gereist sind, wissen, dass ich es niemals versäume, am Abend mein Feuer vorzubereiten. Das Holz wird sorgfältig ausgesucht und so bereitgelegt, dass alles ganz schnell geht. Noch ist es mir immer gelungen, am Morgen ein Feuer in Gang zu bringen.

Heute Morgen ist meine Stimmung nicht besonders, weiß der Himmel, warum.

Ich stehe auf, wie ich es immer tue, mit einem Ruck, ohne nachzudenken und vor allem ohne mir noch ein paar Minuten zu gönnen, denn das ist tückisch. Meine Armbanduhr hat Punkt fünf gepiepst, und ein paar Sekunden nach fünf stehe ich. Wenn nicht, das weiß ich, bleibe ich noch eine Minute liegen, dann noch eine und noch eine …

Ich entzünde die Kerze und stelle sie unter die trockenen Tannenzweige, die sofort Feuer fangen. Die Flamme wird rasch größer, und ich lege Holz nach, immer dickeres, und schließlich platziere ich obendrauf den Wassertopf, den ich am Abend bereitgestellt habe und dessen Inhalt gefroren ist. Mit Eis kann man nämlich viel schneller Wasser machen als mit Schnee. Sowie ich am Morgen die Augen öffne, denke ich nur an eine Sache, die es mir verbietet, an irgendetwas anderes zu denken oder irgendetwas anderes zu tun: meinen Kaffee. Ohne Kaffee bin ich am Morgen zu nichts oder fast nichts zu gebrauchen! Eine richtige

Droge. Eine Droge, die sich insofern durch meinen Stammbaum erklären lässt, als die Vaniers seit mehreren Generationen Kaffeeröster sind. Meine Kaffeeleidenschaft oder, besser gesagt, meine Kaffeesucht wurzelt zweifellos in meiner Kindheit, als ich in der Rösterei meines Großvaters die herrlichen Düfte des Kaffees einsog, der mit dem Schiff aus aller Welt zu uns kam. Seitdem kann ich auf Kaffee nicht mehr verzichten.

Alain weiß das und hat mir in Sibirien einmal einen Streich gespielt.

Da wir monatelang von jedem Nachschub abgeschnitten waren, hatte ich mich reichlich eingedeckt, denn ich kann notfalls auf alles verzichten, nur nicht auf meinen Kaffee.

Eine erste Tüte verschwand um den 20. April, und der Inhalt der zweiten und letzten, die wir uns teilen mussten, schwand schneller als erwartet, obwohl ich Alain gebeten hatte, Acht zu geben und den Kaffee bis zu unserer nächsten Verproviantierung, die Mitte Mai geplant war, gut zu rationieren.

Darauf teilte ich den verbliebenen Kaffee in zwei gleiche Teile auf. Ich wollte mir meine Ration selbst einteilen und sichergehen, dass ich bis zum Schluss jeden Morgen wenigstens einen Schluck trinken konnte.

Doch der Schwund setzte sich unmerklich fort. Ich stand vor einem Rätsel.

Am 5. Mai, meinem Geburtstag, überraschte mich Alain morgens mit einem Kuchen, den er aus etwas Mehl und ein paar Heidelbeeren gebacken hatte. Und neben dem Kuchen lag, eingeschlagen in ein Stück Stoff, ein Geschenk!

Was er hier wohl gefunden haben konnte oder die ganze Zeit mit sich herumgeschleppt hatte?

Eine große Tüte Kaffee! Das Rätsel war gelöst, und ich war der glücklichste Mensch.

Alain fehlt mir. Zusammen mit Pierre und Thomas hätte ich ihn gern bei dieser letzten Expedition dabeigehabt, doch nach langem Zögern hat er beschlossen, bei seiner Frau und seinem kleinen Sohn im Camp des Écorces zu bleiben. Ich bedaure das, obwohl ich weiß, dass das Camp ohne ihn nicht so gut funktionieren würde. Wir nehmen dort im Winter rund hundert Gäste auf, die einen Hundeschlittenkurs für Anfänger machen wollen. Das bringt eine Menge Arbeit mit sich.

Er hätte das fehlende Glied in dieser Kette von Pistenmachern sein können, die zwar viele Talente haben, sie aber schlecht nutzen. Didier und Rock sind tüchtige Kerle, aber es fehlt jemand, der bei der Wahl der richtigen Piste zwischen den verschiedenen Akteuren als Vermittler fungiert. Alain hätte diese Rolle gut ausgefüllt.

Aber er ist nicht da, und ich muss ohne ihn auskommen, praktisch und emotional.

Sobald ich den ersten Schluck Kaffee getrunken habe, sehe ich nach den Hunden, wünsche ihnen einen Guten Morgen, schmuse ein wenig mit ihnen und vergewissere mich, dass alle wohlauf sind. Danach tränke ich sie mit Wasser, dem ich als Trinkanreiz Futtergranulat beigemischt habe. Bei einem Schlittenhund ist nichts wichtiger als eine ausreichende Flüssigkeitszufuhr, und umgekehrt ist nichts schlimmer als Dehydrierung. Ein Hund kann notfalls mehrere Tage ohne ausreichende Nahrung auskommen, aber er darf niemals an Dehydrierung leiden.

Ich gebe meinen Athleten innerhalb von vierundzwanzig Stunden mindestens dreimal zu trinken. Einmal vor dem Aufbrechen, dann nach der Hälfte der Strecke und ein drittes Mal am Ziel. Und wenn ich unterwegs an einen offenen Bach komme, halte ich an und lasse sie trinken, so viel sie wollen.

Ein weiterer wichtiger Punkt ist die Ernährung.

Bei dieser Kälte und den langen Strecken, die meine Hunde täglich zurücklegen, ist der Kalorienverbrauch beträchtlich (bis zu 8000 kcal pro Tag). Daher ist es wichtig, nährstoffreiches und ausgewogenes Futter mitzuführen, das obendrein wenig Platz wegnimmt.

Wir arbeiten seit über zehn Jahren mit Wissenschaftlern von Pedigree Pal zusammen und haben ein Futter von sehr hoher Qualität entwickelt. In den Pausen verfüttere ich äußerst nahrhafte »Kroketten«, deren Inhaltsstoffe aber nur ziemlich langsam verdaut und vom Körper aufgenommen werden können, ungefähr ein Kilo pro Hund und Tag (was annähernd 5000 kcal entspricht). Unterwegs verteile ich etwa alle zwei Stunden einen Snack in Form von Energieriegeln, die meine Hunde lieben und eine gute, leicht verdauliche Ergänzungsnahrung darstellen.

Wir brechen noch bei Dunkelheit auf. Oben, zwischen den hohen Kiefern, von deren Wipfeln dann und wann ein paar Auerhähne oder Haselhühner auffliegen, zeigt sich schüchtern das erste Grau des Morgens.

Im Schein meiner Stirnlampe versuche ich die Hindernisse zu erkennen, doch die Piste ist so gewunden, dass ich Kurven oft zu spät bemerke, um reagieren zu können. Mehrmals rammen wir einen Baum. Zweimal kehren wir in eine Schlucht zurück, aus der Didier und Rock, wie ihre Spuren verraten, nur unter größten Schwierigkeiten wieder herausgekommen sind.

Trotz der extremen Kälte bin ich in Schweiß gebadet.

Bei Tagesanbruch habe ich sie eingeholt. Rock, der wirklich eine Bärennatur hat, fährt voraus. Er lässt sich nicht entmutigen, obwohl eine Fahrt unter solchen Bedingungen ein Albtraum ist. Ein schwierigeres Gelände für Schneemobile ist kaum vorstellbar. Fast jeder Meter ist ein Kampf. Wenn die Bedingungen nicht bald besser werden, bezweifele ich, dass sie mit ihren Maschinen jemals aus diesem Tal herauskommen.

Wir wünschen uns gegenseitig viel Glück, denn wir können nicht zusammen weiter. Ich bin hier mit dem Schlitten viel schneller als sie, auch wenn die Hunde auf der schmalen und kurvenreichen Piste, die unsere beiden Kameraden hinterlassen haben, Schwerstarbeit leisten müssen.

Die Piste führt durch den Wald, mal auf der einen, mal auf der anderen Seite des Flusses, den wir deshalb von Zeit zu Zeit überqueren müssen. Das Eis ist schlecht, wird aber besser. Noch können wir diese schöne natürliche Straße, die frei ist von Hindernissen, nicht befahren, aber sie ist unsere große Hoffnung, denn die Ufer und der Wald werden immer unwegsamer.

Trotzdem, wir müssen weiter. Skier sinken in dem

tiefen Schnee kaum ein. Die Hunde dafür umso mehr. Ich schnalle mir die Schneeschuhe unter und gehe hinter dem Schlitten her, damit die Meute nicht auch noch mein Gewicht ziehen muss. Bald jedoch genügt auch das nicht mehr, und ich gehe nach vorn.

Nach ein, zwei Kilometern lichtet sich der Wald und geht in eine Art Moor über. Der Zickzackkurs hat ein Ende, aber das Vorwärtskommen wird nicht leichter, denn der Schnee ist sehr tief, und ich muss ihn vor den Hunden niedertreten, damit sie nicht darin ertrinken. In einem solchen Gelände haben Schneemobile keinerlei Probleme und hinterlassen eine herrliche Piste, auf der, wenn sie erst gefroren ist, die Hunde ungehindert laufen können. Und dazu sind wir ja eigentlich hier: zum Laufen, an die hundert Kilometer pro Tag. Zu diesem Zweck haben wir das Team der Pistenmacher zusammengestellt.

Aber wozu sind sie gut, wenn sie zurückbleiben?

Ich ärgere mich maßlos. Bestimmt die Erschöpfung. Das ständige Hin- und Herlaufen mit Schneeschuhen zehrt an den Kräften. Bei jedem Schritt muss ich fest auftreten und den Schnee feststampfen. Es geht nicht voran. Wir schaffen kaum einen Kilometer in der Stunde. Und um welchen Preis!

»Auf geht's, Hunde, nur Mut!«

Aber langsam verlieren sie ihn. Ich wechsele die Führungshunde aus, die mehr strampeln müssen als die anderen, aber das bringt nicht viel. Sie schauen mich alle an, als wollten sie sagen: »Was soll der Mist?« Und es ist mir peinlich, ihnen zu antworten, denn ich weiß nicht, wie lange der »Mist« noch dauert. Bei einem Tagesschnitt von fünf Kilometern werden wir den Ausgang dieses verfluchten Tals jedenfalls nicht so bald zu Gesicht bekommen. Es ist herrlich, märchenhaft schön, aber darauf pfeife ich jetzt. Will man die Schönheit einer Landschaft genießen, müssen die Bedingungen einigermaßen stimmen, und die sind in diesem Fall leider alles andere als gut.

Ich gehe von Hund zu Hund und sage ihnen alles, was ich auf dem Herzen habe. Ich entschuldige mich dafür, dass ich sie zum Weitergehen zwingen muss, aber wir haben keine andere Wahl. Das Futter reicht nur noch für sechs Tage. Wir müssen hier raus.

Es geht wieder durch dichten Wald. Von Zeit zu Zeit gelangen wir auf eine kleine Lichtung, auf der sich die Hunde selbst eine kurze Pause verordnen. Mir schmerzt der Rücken, weil ich den Schlitten ständig über umgestürzte Bäume wuchten muss, und allmählich schwinden meine Kräfte.

Viele Tiere haben Spuren im Schnee hinterlassen: Auer- und Birkhühner, Hasel- und Moorschneehühner, Hasen, Luchse, aber auch Hirsche, Elche und Wölfe, die Jagd auf sie machen. Das muntert die Hunde ein wenig auf, aber nicht so sehr, dass sie von sich aus weiterlaufen.

Endlich biegen wir auf den Fluss ab. Wie es aussieht, ist er ein gutes Stück weit zugefroren. Das hoffe ich wenigstens. Und es trifft sich gut, denn die Hunde und ich können nicht mehr. Anthonys Skier haben in dem dünnen Schneefilm, der das junge Eis bedeckt, kaum Abdrücke hinterlassen. Die Weiterfahrt auf dem Eis ist nicht riskant, denn das Wasser ist nicht tief, höchstens einen halben Meter. Die Hunde flitzen nur so dahin, und es ist eine Freude, ihnen zuzusehen. Doch die Freude währt nicht lange. Kaum fünfhundert Meter, und wir müssen ans Ufer zurück, denn der Fluss ist in seiner ganzen Breite offen. Die Hunde treten in Streik, und ich mit ihnen. Wir legen eine Pause ein. Bevor ich es mir auf dem Schlitten bequem mache, spure ich mit den Schneeschuhen eine Piste, die Zeit haben wird, etwas zu gefrieren. So können wir uns nachher, wenn wir wieder aufbrechen, einbilden, dass es jetzt besser vorangeht.

Bei diesem Schneckentempo zieht sich der Tag endlos hin, und am Abend sind wir alle kaputt vor Erschöpfung und niedergeschlagen. Der Trick besteht darin, dass man den Hunden vormacht, man sei guten Mutes und alles werde sich zum Besseren wenden. Aber es ist nicht so einfach, meiner Mannschaft etwas vorzumachen. Die Hunde kennen mich zu gut.

Das Feuer ist der einzige Trost. Ein großes, schönes Feuer, das wärmt.

Die Hunde haben sich satt gefressen und schlafen, zu Kugeln zusammengerollt, tief und fest auf einem Lager aus Tannenzweigen, das ich ihnen mit letzter Kraft noch bereitet habe. Sie haben es sich verdient, vor allem bei dieser Kälte, die heute Abend −50 °C erreichen dürfte.

Ich schlafe schlecht. Kreuzschmerzen und Sorgen plagen mich.

Ob wir jemals aus diesem verwünschten Tal herauskommen? Es wird immer enger, und ein Gedanke lässt mir keine Ruhe mehr. Auf einer alten Karte dieser Gegend ist ein Maultierpfad eingezeichnet. Er führt bis zu dieser Schlucht und endet dann. Bedeutet das, dass eine Durchquerung unmöglich ist, wie einige Leute in Orlik behauptet haben?

Wir werden es bald erfahren. Ich denke nicht im Traum daran umzukehren. Abgesehen davon, dass ich meine Hoffnungen, Moskau noch vor dem Ende des Winters zu erreichen, dann begraben könnte, lehne ich es schlicht und ergreifend ab, den ganzen Weg zurückzugehen.

» Los, meine Hundchen. «

Heute Morgen lässt es sich besser an, denn wir können immer öfter auf den Fluss zurückkehren. Ich fasse wieder etwas Mut. Gegen Mittag haben wir schon gut zehn Kilometer heruntergespult, eine rekordverdächtige Leistung in diesem Tal. Dafür habe ich die Spur der beiden Helfer verloren. Da der Fluss tiefer wird und das Eis nach wie vor unsicher ist, sind sie wohl vorsichtshalber am Ufer geblieben. Ich muss sie überholt haben, ohne es zu bemerken.

Die Spuren von Hirschen häufen sich. Dank der Raureifwolke, die über den Tieren schwebt, entdecke ich ein Rudel in der Ferne. Abgesehen von der Freude, die mir diese Begegnung bereitet, ist ihre Anwesenheit für uns auch von praktischem Nutzen, denn sie haben auf dem Eis und an den Ufern einen richtigen Trampelpfad hinterlassen, dem wir folgen können.

Ein Stück weiter kreuzen mit ausgreifenden Schritten zwei Elche unseren Weg. Da meine Bremse auf dem Eis schlecht greift, habe ich größte Mühe, die Hunde zurückzuhalten. Um ein Haar hätten sie die Elche eingeholt, und das hätte dramatische Folgen haben können, wie jeder Musher weiß, der schlechte Erfahrungen mit ihnen gemacht hat. Ein Elch flieht nicht, wenn er in die Enge getrieben wird, ob von Hunden oder Wölfen, macht für sein einfaches Hirn keinen Unterschied. Er stellt sich den Angreifern, denn wie er weiß, warten sie nur darauf, dass er ihnen den Rücken zukehrt, um ihm dann die Sehnen der Hinterläufe durchzubeißen und ihn zu Fall zu bringen. Zudem verfügt dieses Tier, das mit einer Widerristhöhe um zwei Meter und einem Gewicht bis achthundert Kilo die größte Hirschart der Welt ist, in seinen aus zwei spitzen Klauen bestehenden Hufen über eine wirkungsvolle Waffe, mit der er gezielte Tritte auszuteilen versteht. Bei dem berühmten Hundeschlittenrennen Iditarod in Alaska, dessen Kurs durch mehrere elchreiche Gebiete führt, haben sich schon etliche tragische Unfälle ereignet.

Etwas später stoße ich auf eine andere Spur, die ich hier nie erwartet hätte, schon gar nicht um diese Jahreszeit. Die eines Braunbären, eines jungen, und noch dazu ganz frisch! Ich weiß nur zu gut, was das bedeutet. Zur Winterruhe ziehen sich Bären in einen Bau zurück, den sie selbst gegraben und angelegt haben. Gerade jungen Exemplaren unterlaufen dabei häufig Fehler, sodass der Bau später einstürzt oder wegen unzureichender Belüftung unbewohnbar wird. Das zwingt den Bären, sein Winterquartier zu verlassen, und macht ihn rabiat, denn mitten in der kalten Jahreszeit ist er abgemagert und hungrig. Er greift blindlings alles an, was sich bewegt, und stellt eine tödliche Gefahr dar. Daher halte ich es für besser, so schnell wie möglich aus dieser Gegend zu verschwinden. Nun wird es aber bereits dunkel, und eine nächtliche Fahrt auf dem unsicheren Eis des Flusses ist unmöglich. Wir fahren also so lange weiter, wie ich unter den gegebenen Umständen für vertretbar halte, und bringen noch ein paar Kilometer zwischen uns und den Bären, aber die genügen bei Weitem nicht, um mich zu beruhigen.

Ich habe kein Gewehr dabei.

Eine bewusste Entscheidung, nicht aus Prinzip, sondern aus Gründen des Gewichts. Es kommt so selten vor, dass man ein Gewehr braucht, um sich zu verteidigen – in meinem ganzen Leben ist es mir nur einmal passiert –, dass ich diesmal darauf verzichtet habe, eines mitzunehmen. Jetzt bereue ich es, denn was soll ich mit meinem lächerlichen Handbeil gegen einen Braunbären ausrichten? Trotzdem ziehe ich es aus der Schutzhülle und lege es griffbereit neben meinen Schlafsack.

Die beste Waffe, über die ich noch verfüge, um einen unwillkommenen Besucher in die Flucht zu schlagen, ist das Feuer. Ich sammle und hacke einen großen Vorrat Holzkloben, den ich neben mir stapele. Ich verteile die Hunde so, dass sie rings um das Feuer liegen, und halte noch eine Weile Wache, obwohl ich zum Umfallen müde bin. Irgendwann fahre ich aus dem Schlaf hoch, als die Hunde plötzlich anschlagen. Das Feuer ist beinahe heruntergebrannt. Angst überkommt mich.

Ich schlüpfe hastig aus dem Schlafsack. Die Hunde blicken alle flussaufwärts, und auch ich halte in dieser Richtung nach dem Bären Ausschau. So wütend, wie meine Jungs bellen, kann er nicht mehr weit sein.

Ein Schatten erscheint.

»Himmel noch mal! Da ist er!«

Dann ein zweiter und ein dritter.

Wölfe.

Ich könnte sie umarmen. Von Wölfen haben wir nichts zu befürchten. Sie werden ein paar Runden um die Hunde drehen und dann wieder verschwinden. Ich kenne ihre Gewohnheiten. Auf meinen früheren Reisen haben sich mir schon Dutzende Rudel auf diese Weise genähert und mir damit eine große Freude gemacht, während die Hunde jedes Mal vor Angst schlottern. Die sind im Übrigen verstummt und sehen mich flehentlich an, sie ja nicht im Stich zu lassen, als hätten sie begriffen, dass meine bloße Anwesenheit sie vor dem sicheren Tod bewahren kann. Denn Wölfe sind zwar für den Menschen ungefährlich, aber in der Regel greifen sie jeden Hund an, der die Frechheit besitzt, in ihr Revier einzudringen. Dieser regelrechte Hass, den Wölfe Hunden entgegenbringen, erklärt sich nicht nur aus dem Revierverhalten. Man könnte meinen, sie wollten die Hunde dafür büßen lassen, dass sie sich vor dem Menschen erniedrigt haben.

Auf jeden Fall gilt es jetzt, Präsenz zu zeigen, denn so viel steht fest: So kräftig meine Hunde auch sein mögen, gegen Wölfe kommen sie nicht an.

Es sind sechs. Ziemlich dunkle Exemplare, wie mir scheint. Einer von ihnen, der kühnste, humpelt leicht. Er kommt mir noch etwas stattlicher vor als die anderen. Wahrscheinlich der Rudelchef. Möglicherweise hat er sich beim Angriff auf einen Hirsch oder Elch verletzt.

Sie umkreisen uns eine Weile in respektvoller Entfernung, aber im Mondlicht kann ich ihre Bewegungen verfolgen und das Schauspiel genießen. Ich finde diese

Tiere wirklich faszinierend. Ich bewundere ihre Geschmeidigkeit, ihre Intelligenz, ihre unbändige Kraft. Ich hatte häufig Gelegenheit, Wölfe zu beobachten. Ich habe zugesehen, wie sie jagen, wie sie lieben, wie sie spielen. Ich habe sie heulen gehört und ihnen geantwortet. Dieses Tier verkörpert alles, was ich liebe. Nicht von ungefähr wird mich meine nächste Reise in den hohen Norden zu ihnen führen, um einen Film über sie drehen.

Sie verschwinden ganz plötzlich, und ich glaube zu wissen, warum. Die Hunde zeigen wieder eine gewisse Aggressivität und bellen erneut in Richtung Fluss.

Ein zweites Wolfsrudel? Ausgeschlossen. Wölfe teilen ihr Revier nicht.

Das kann nur der Bär sein. Welches andere Tier könnte ein Wolfsrudel vertreiben?

Die Hunde werden immer erregter. Ich sterbe fast vor Angst. Ich frage mich, ob ich so niederträchtig wäre, die Hunde ihrem traurigen Schicksal zu überlassen, wenn ich mich in Luft auflösen könnte.

Schritte!

Das Tier ist allein. Diesmal besteht kein Zweifel. Es wird Ärger geben!

Nun, da die Gefahr da ist und eine Konfrontation unvermeidlich scheint, ist alle Angst verschwunden. Das Adrenalin löst eine andere Art von Reaktion aus. Ich werde mir nichts gefallen lassen. Der Bär wird meinen Hunden kein Haar krümmen, ohne mein Beil zu kosten.

Das ist er. Er hat sich schon auf die Hinterpfoten aufgerichtet und kommt näher.

»Huuu!«

Ein Bär, der sprechen kann. Das ist doch ... Was für ein Abend. Es ist Anthony!

Aber wie kommt *der* hierher?

»Ich bin verdammt froh, dich zu sehen!«

Und ich erkläre ihm, warum. Auch er hat die Abdrücke der Bärentatzen gesehen und sich Sorgen gemacht. Er hatte sich zwei Kilometer flussaufwärts im Wald ein Nachtlager hergerichtet und beim Wasserholen am Fluss meine Spur entdeckt.

»Ich hab mir gedacht, dass du nicht weit sein kannst, denn die Spur war keine Stunde alt und es wurde dunkel.«

Ich berichte ihm von den beiden anderen.

Er wird heute Abend wieder mit dem Burjaten zusammentreffen, und wir vereinbaren, dass ich auf jeden Fall bis morgen Mittag auf sie warte, ehe ich weiterfahre, egal was geschieht.

Anthony ist ein komischer Kauz. Wir haben ihn kennengelernt, als Didier und Rock in Irkutsk einen Russen suchten, der Englisch sprach und ihnen als Dolmetscher dienen konnte. Als Bergsteiger, der schon einiges mitgemacht hatte, war er von dem Projekt sofort begeistert. Innerhalb einer Stunde hatte er seinen Rucksack gepackt, geregelt, was zu regeln war, von seinen Angehörigen Abschied genommen und sich in unserem Stützpunkt am Baikalsee eingefunden.

Er ist ein stämmiger Kerl, couragiert und zuverlässig. Und er weiß über alles Bescheid. Das kann einigen auf die Nerven gehen, während andere sich darüber amüsieren. So hat eben jeder seine Fehler.

NEUN

Tuwa

DER FLUSS WIRD IMMER SCHÖNER, UND WIR REISEN
auf den Spuren von Hirschen, die ihm kilometerweit
folgen. Dabei kommen wir gut voran, auch wenn wir
von Zeit zu Zeit aufs Ufer ausweichen müssen, um
schlechtes Eis zu umgehen.

Gegen Mittag sitzen Anthony, der Burjate und ich in
der Sonne um ein Lagerfeuer. Wir sind nicht wenig
überrascht, als plötzlich unsere beiden Schneemobil-
fahrer aufkreuzen und zum Zeichen des Sieges die
Arme in die Höhe recken.

Rock, immer noch ungebrochen optimistisch, ist fest
entschlossen, bis zum Abend die Stelle zu erreichen,
wo sich unser Tal mit dem Nachbartal vereint. Dort,
ungefähr dreißig Kilometer von hier, sind wir mit
dem Trapper verabredet.

Anthony und der Burjate steigen jeder auf ein
Schneemobil. Ich lasse sie weit vorausfahren, damit
ihnen genug Zeit bleibt, etwaige schwierige Passagen
zu bewältigen.

Es wäre zu schön, wenn uns Packeis und offenes
Wasser auf dem gewundenen Fluss erspart blieben.
Ich glaube nicht daran.

Und tatsächlich. Auf den ersten drei Kilometern geht alles glatt, aber dann hole ich sie ein. Packeis und große offene Zonen haben sie aufgehalten. Von Packeis spricht man hier, wenn die Strömung Eisschollen ineinanderschiebt und zu einem unüberwindlichen Hindernis auftürmt. Es entsteht hauptsächlich im Bereich von Untiefen oder an Engstellen wie hier, wo sich schon zu Beginn des Winters flussabwärts treibendes Eis aufgestaut hat.

Uns bleibt nichts anderes übrig, als diesen Abschnitt, dessen Länge wir nicht kennen, zu umgehen und uns einen Weg durch den Wald zu bahnen.

»Wenn wir Pech haben«, unkt Didier, »geht das bis zum Zusammenfluss so weiter.«

In dem Fall würden wir für die Strecke zusätzliche drei Tage brauchen, denn im Wald kommen wir nur mäßig voran.

Wir geraten noch mehr in Verzug.

Laut Plan sollten wir auf diesem Streckenabschnitt ein Tagespensum von achtzig Kilometern absolvieren, doch wir kriechen im Schneckentempo. Das bedeutet, dass wir später, soweit es irgend möglich ist, an mehreren Tagen mehr als hundertzwanzig Kilometer bolzen müssen, um den Rückstand wieder aufzuholen. Was mich wahnsinnig ärgert: Wären die Pistenmacher wie verabredet mit dem entsprechenden Vorsprung gefahren, hätten wir auf der präparierten Piste so flitzen können wie vorgesehen. Das hätte für sie nicht mehr Arbeit bedeutet, aber wir hätten ganz andere Bedingungen vorgefunden.

Vorläufig mühen wir uns gemeinsam ab. Rock zeichnet sich dadurch aus, dass er immer die richtigen Entscheidungen trifft. Er hat ein unglaubliches Gespür für die beste Piste. Er kann die Landschaft lesen, errät instinktiv, wo ein Durchkommen ist. Spielend wird er mit allen Widrigkeiten des Geländes fertig und kehrt just in dem Moment, als das Packeis aufhört, wie zufällig an den Fluss zurück, aber mit Zufall hat das nichts zu tun. Es ist eine wahre Freude, ihm dabei zuzusehen, wie er die richtige Passage sucht und errät. Rock ist im »Busch« geboren, wie man in Kanada den Wald nennt. Er ist hier in seinem Element, zumal die majestätischen Berge, die uns umgeben, denen in seiner Heimat Yukon sehr ähnlich sehen. Außerdem ist er bärenstark. Didier, obwohl ziemlich kräftig, jedenfalls um einiges kräftiger als ich, macht sich fast lächerlich, wenn er ihm zur Hand gehen will.

Das Eis auf dem Fluss ist sehr ungleichmäßig, und wir versuchen, eine Route zu finden, die möglichst geringe Risiken birgt.

Mehrmals gehen Rock und Anthony zu Fuß voraus und prüfen mit einem Stock die Dicke der Eisdecke. Doch es ist der Burjate, der einbricht, als er eine Passage testen will. Er fängt sich gerade noch rechtzeitig ab, indem er den Stock, den er zum Glück nicht losgelassen hat, quer über das Loch im Eis legt. Er reißt sich die Kleider vom Leib, bevor sie in der Kälte steinhart gefrieren, und zieht sich Sachen an, die wir ihm leihen, dann setzen wir unseren Weg fort, noch vorsichtiger jetzt. Wir denken nicht daran, den Fluss zu verlassen, solange er befahrbar ist, auch wenn das mit gewissen Risiken verbunden ist. Die nehmen wir in Kauf, denn am Ufer erwartet uns die Hölle.

Für diese Expedition haben die Pistenmacher eine ganz neue Generation von Schneemobilen getestet. Sie sind mit Viertaktmotoren ausgerüstet, bei deren Entwicklung größter Wert auf Sauberkeit und Umweltfreundlichkeit gelegt wurde.

Meine Hunde haben gelernt, mir allein zu folgen, wenn ich vor ihnen hergehe, um im Tiefschnee eine Piste zu spuren.

Für diese Expedition haben die Pistenmacher eine ganz neue Generation von Schneemobilen getestet. Sie sind mit Viertaktmotoren ausgerüstet, bei deren Entwicklung größter Wert auf Sauberkeit und Umweltfreundlichkeit gelegt wurde.

Didier und Rock bei einer ihrer nächtlichen Pausen unter freiem Himmel.

Rechts: Pierre Michaut *(Mitte)* hatte maßgeblichen Anteil an der Vorbereitung und Realisierung der Expedition: Er spielte die schwierige und häufig undankbare Rolle des Logistikchefs.

Von links oben im Uhrzeigersinn: Rock (kanadischer Trapper, Pistenmacher), Didier (Pistenmacher), Thomas (Regisseur), Manu (Tontechniker).

Meine Hunde haben gelernt, mir allein zu folgen, wenn ich vor ihnen hergehe, um im Tiefschnee eine Piste zu spuren.

Ich liebe diese Art
Landschaft, obwohl
sie das Fortkommen
beschwerlich macht,
denn sie verlangt
uns alles ab.

Auch ohne Thermometer weiß ich ziemlich genau, wie kalt es ist. Eis auf dem Bart bedeutet unter −20° Grad, Eis auf den Wimpern unter −40° Grad.

Der Elch, die größte Hirschart der Welt, kann 700 bis 800 Kilogramm schwer werden. Das Geweih wird jeden Winter abgeworfen und wächst im Frühjahr wieder nach.

Die Hunde können sich erstaunlich schnell regenerieren. Sie schlummern innerhalb weniger Minuten ein und fallen rasch in Tiefschlaf.

Jedes Mal, wenn wir auf den Fluss zurückkehren, hängen mich die schnellen Schneemobile ab, doch beim nächsten Hindernis hole ich sie wieder ein.

So geht es über fünf Stunden lang. Wir kommen nur stockend voran, aber wir kommen voran, hauptsächlich dank Rock, der unermüdlich an der Spitze rackert und jede knifflige Stelle meistert. Bis auf ihn sind alle erledigt und kommen auf dem Zahnfleisch daher, als der Tag sich neigt.

Dann plötzlich sind die Schneemobile meinem Blick entschwunden, und ich lege auf dem zugefrorenen Fluss locker mehrere Kilometer zurück. Ich weiß nicht mehr, wo wir sind, denn ich habe keine Orientierungspunkte mehr. Eine Biegung folgt auf die andere. Die Hunde sind in einen schönen, flotten Trab gefallen, als die Dämmerung sich über den Fluss senkt. Wie es scheint, kommen wir aus dem Tal heraus. Hinter einer letzten Biegung taucht zu meiner Rechten der große Fluss auf, in den unserer mündet.

Wir sind am Ziel.

Rock, Didier, Anthony und Nikolaj erwarten mich an der Stelle, wo sie die Spur des Trappers gefunden haben. Eine schöne, vollkommen gefrorene Spur, die uns geradewegs zu seiner zwanzig Kilometer entfernt liegenden Hütte führen wird. Die Vereinigung ist geschafft.

Nikolaj jubelt und fällt mir lachend in die Arme. Er ist sehr bewegt. Ihm zufolge ist es das erste Mal, dass jemand im Winter von Burjatien aus in die Republik Tuwa gereist ist, und es erfüllt ihn mit Stolz, einer von denen zu sein, die das Kunststück vollbracht haben.

Wir freuen uns mit ihm und beglückwünschen uns gegenseitig.

Es ist ein kleiner Sieg, gemessen an der gewaltigen Strecke, die noch vor uns liegt, aber es ist ein Sieg.

ZEHN

In starkem Trab

DIE HUNDE TRIPPELN UNGEDULDIG AUF DER STELLE, denn nachdem sie Tage um Tage in weichem Schnee versunken sind, sehen sie nun endlich eine schöne harte Piste vor sich. Meine Champions brennen darauf loszulaufen, und ich teile ihre Ungeduld. Es ist eine schöne Nacht, kalt und hell, und ich werde endlich unbehindert und unbekümmert dahingleiten können. Diese Piste wird uns direkt zur Hütte führen.

Die Schneemobile werden schnell dort sein.

Wir auch, denn die Hunde legen los, wie ich sie seit Tagen nicht mehr habe laufen sehen.

Ich freue mich mit ihnen. Endlich sind wir aus der Falle heraus. Bei diesem Gedanken steigen mir fast die Tränen in die Augen. Auch weil ich wieder die unglaubliche Energie meiner Schlittenhunde spüre.

Gao und Taran, die ich nebeneinander an die Spitze gestellt habe, spannen ihre Zugleinen und reißen die Meute mit. Sie legen ein höllisches Tempo vor. Die Piste ist herrlich, so hart, wie man es sich nur wünschen kann, schön gerade und frei von jeglichen Hindernissen. Eine Piste für Champions, und meine vollbringen wahre Wunder. Sie sind in einen starken Trab gefallen und fliegen mit annähernd 20 km/h dahin, ohne eine Sekunde nachzulassen, so als hätten sie etwas nachzuholen.

Sie lieben die Nacht, und sie zeigen es.

Und dabei ist es ein langer und schwerer Tag gewesen. Seit fast zehn Stunden sind sie angeschirrt!

»Jetzt siehst du«, sagen sie mir, »wozu wir imstande sind, wenn du uns nur auf eine anständige Piste führst!«

Wir folgen dem breiten, gewundenen Fluss. Nach etwa fünfzehn Kilometern gelangen wir an einen großen See, der friedlich unter seiner Eisdecke schläft. Das Mondlicht spiegelt sich im weißen Schnee. Die Sicht ist fast wie am Tag. Meine Champions verlangsamen ihren Trab etwas. Sie haben ihren Langstreckenrhythmus gefunden, ihr Marathontempo, das sie stundenlang halten können. Sie wissen nicht, wohin es geht, und schonen sich.

Doch als in der Ferne zwischen den Bäumen ein Lichtschein auftaucht, wissen sie es sofort. Die Hütte.

Auf der Stelle fallen sie in starken Galopp. Die eisige Luft peitscht mir ins Gesicht, und ich bin gezwungen, die Pelzkapuze enger zu ziehen, um mich vor Erfrierungen zu schützen.

Wir fliegen förmlich auf die Lichtung.

»Hoooo, meine Hunde!«

Ich gehe zu ihnen nach vorn und lobe einen nach dem anderen. Der Trapper, noch ein Nikolaj, kommt zu mir heraus. Er hat ein Gesicht mit messerscharfen Zügen, aus dem mich zwei klare, intelligente Augen schelmisch anfunkeln. Er ist nicht groß, aber muskulös und athletisch gebaut, sodass man Schwierigkeiten haben dürfte, ihm auf Skiern zu folgen. Er erzählt mir, dass er bis zu dem Dorf, in dem er wohnt und das einhundertzwanzig Kilometer von hier entfernt liegt, eine Piste gespurt hat. Ich bedanke mich herzlich, und er erwidert, dass er stolz darauf sei, uns helfen zu können. Er findet es unglaublich, dass wir die Berge überquert haben, und lädt mich zum Tee ein und, zur Feier des Tages, zu einem Glas Wodka. Natürlich!

In der Zeit, die er auf uns gewartet hat, hat er ein paar Zobel erlegt, die er mir stolz vorführt. Einen bekomme ich als Willkommensgeschenk.

Ich spanne die Hunde aus, massiere ihnen die Pfoten und füttere sie, dann gehe ich zu den anderen in die Hütte, die nur ein paar Quadratmeter groß ist. Heute Nacht werden wir noch nicht im Warmen schlafen. Der Platz reicht höchstens für zwei oder drei Personen, selbst wenn man eng zusammenrückt!

Macht nichts. Was zählt, das Einzige, was wirklich zählt, ist die Piste, und die wird optimal gefroren sein, denn sie ist mehrmals und Tage im Voraus gespurt worden.

Ich möchte sehr früh, noch in der Nacht, aufbrechen und annähernd siebzig Kilometer zurücklegen, bevor wir uns eine eineinhalbstündige Pause gönnen. Danach bleiben noch fünfzig Kilometer bis zu dem Dorf, in dem Patricia, die zusammen mit Pierre die Strecke erkundet hat, mit Futter für die Hunde und Benzin für die Schneemobile auf uns wartet.

Der Abend verläuft in einer entspannten und herzlichen Atmosphäre.

Ich schlafe draußen bei den Hunden unter einer

Plane, die wir zwischen drei Bäume gespannt haben, denn es hat überraschend zu schneien begonnen. Ein dünner Schneefilm bedeckt bereits den Boden, und das beunruhigt mich, zumal auch der Wind auffrischt.

»Verdammt, wir sind wahrlich vom Pech verfolgt!«

Die Piste war ideal, hart wie Holz, und jetzt wird Neuschnee sie zudecken und ruinieren. Ich vermute fast, dass sie auf dem See bereits verschwunden ist. Dabei hätten wir einen solchen Tag doch verdient!

Um dem Ganzen noch die Krone aufzusetzen, können Didier und Rock nicht vor mir aufbrechen und die Piste spuren. Ein Schneemobil ist defekt und muss repariert werden, und sie sind zu geschafft, um sofort damit zu beginnen.

Zum Glück erklärt sich Nikolaj, dem ich unser Problem geschildert habe, bereit, gegen sechs Uhr früh mit mir aufzubrechen.

Ich stehe gegen halb fünf auf, trinke meinen Kaffee und esse ein paar Crêpes, tränke die Hunde und spanne an. Um sechs bin ich startklar. Der Wind hat etwas abgeflaut, und es hat aufgehört zu schneien, aber meine Befürchtungen bewahrheiten sich: Von der Piste auf dem See ist nichts mehr zu sehen. Nikolaj spurt auf die Schnelle eine neue im zwanzig Zentimeter tiefen Schnee, doch die Hunde kommen nur mühsam voran.

So müssen wir im Schein der Stirnlampe zehn Kilometer zurücklegen, bevor es wieder in den Wald geht. Dort finden wir gottlob eine härtere Piste vor, deren Neuschneeauflage nicht allzu hinderlich ist. Dafür taucht ein anderes Problem auf, mit dem ich nicht gerechnet habe. Statt bis zu dem Dorf dem Fluss zu folgen, führt die Piste mitten durch hügeliges Gelände. Es geht ständig bergauf und bergab.

Nikolaj ist vorausgefahren, und so kann ich ihm nicht die Frage stellen, die mir auf den Lippen brennt: Warum folgen wir nicht dem zugefrorenen Flussbett, sondern nehmen diese »russische Bergpiste«?

Im Moment bleibt mir nichts anderes übrig, als weiterzufahren, quer durch den Wald.

Wegen der vielen Steigungen kommen wir nur langsam voran und schaffen kaum zehn Kilometer in der Stunde. Doch obwohl ich häufig hinter dem Schlitten herlaufen und auf den mitunter langen, steilen Anstiegen schieben muss, bewundere ich die Landschaft. Schöne Nadel- und Birkenwälder, aus denen hier und dort mehrere hundert Jahre alte mächtige Kiefern emporragen.

Außerdem gibt es hier viele Auerhähne. Manchmal bemerken wir die schwarze Linie ihres geraden und schnellen Flugs. Seltener entdecke ich einen hoch oben in einer Kiefer, sodass ich Gelegenheit habe, die anmutigen und eleganten Formen dieses wunderbaren Vogels zu betrachten. Die ausgewachsenen Hähne können ihren Schwanz wie einen Fächer spreizen, was ihrem Federkleid etwas Festliches verleiht. Zusammen mit der Spießente gehören sie zu den schönsten Vögeln, die zu beobachten mir vergönnt war.

Nach vierzig Kilometern wird das Gelände flacher, und wir kommen etwas zügiger voran.

Der Wald ist großen freien Flächen gewichen, auf denen ich zweimal in der Ferne kleine Rentierherden erspähe.

Endlich hole ich Nikolaj ein. Wir entzünden ein ordentliches Lagerfeuer, lassen uns daran nieder, trinken Tee und unterhalten uns. Die Hunde, die es sich auf der weichen Matratze aus Neuschnee bequem gemacht haben, schlafen bereits tief. Kurvik lässt sogar ein leises Schnarchen vernehmen, das mich schmunzeln lässt.

Nikolaj berichtet mir, dass der Fluss seit ein paar Jahren auf weiten Strecken nicht mehr befahrbar sei, weil das Eis sich mindestens zwei Wochen später bilde als früher. Der Wasserspiegel sei zu diesem Zeitpunkt niedriger, und es entstehe Packeis an Stellen, wo sich früher fast nie welches gebildet habe.

»Seit fünf Jahren benutzen wir grundsätzlich die Strecke durch den Wald. Außerdem ist das Eis in bestimmten Abschnitten mit starker Strömung brüchig geworden.«

Wir kommen auf seinen Beruf zu sprechen, der kaum noch seinen Mann ernährt, weil die Preise für Pelze sinken, vor allem aber, weil die Zwischenhändler, wie er sagt, zu kräftig abkassieren.

»Sie machen nichts weiter als kaufen und verkaufen, und trotzdem verdienen sie doppelt so viel wie wir!«

Diese Klage ist häufig zu hören und hier bestimmt noch berechtigter als in Kanada.

Er stellt mir viele Fragen zu den Hunden. Wie ich sie abrichte, womit ich sie füttere, wie ich sie trainiere. Ihre Ausdauer hat ihn schwer beeindruckt, und er bittet mich um einen Gefallen: Ob Quebec nicht seine Hündin Laika, die jetzt läufig sein müsse, decken könne.

»Quebec wird es ein Vergnügen sein, dir diesen Gefallen zu tun!«

Es ist nicht das erste Mal, dass man mich um so etwas bittet. Irgendwann habe ich aufgehört zu zählen, wie oft Otchum in Sibirien kopuliert hat. Seine Nachkommenschaft muss so zahlreich sein wie die mancher Sultane, deren Harem Hunderte von Frauen umfasst.

Wir wollen gerade wieder aufbrechen, da tauchen unsere vier Jungs auf. Sie haben das Schneemobil notdürftig repariert, aber laut Didier ist die Lenkung im Eimer.

Sie fahren alle zusammen weiter. Vorher haben wir vereinbart, dass sie Wegmarkierungen anbringen sollen, damit ich im Dunkeln Nikolajs Haus finde, das etwa fünf Kilometer außerhalb des Dorfes liegt.

Außerdem habe ich ihnen gesagt, dass sie sich keine Sorgen machen sollen, falls ich heute Abend nicht aufkreuze. Das wird von der Verfassung der Hunde abhängen. Ob sie nach den zehn strapaziösen Tagen, die hinter uns liegen, noch in der Lage sind, diese Distanz zu bewältigen? Wie immer, wenn man sie so daliegen und fest schlafen sieht, könnte man meinen, sie hätten nicht die geringste Lust zum Weiterlaufen. Doch man verkennt ihre erstaunliche Regenerationsfähigkeit. Kaum sind die Schneemobile fort, stehen sie auf, gähnen, strecken sich und fangen an, ihre Ungeduld kundzutun. Ich habe das schon hundert, nein, tausend Mal erlebt, und trotzdem verblüfft es mich immer wieder.

»Auf geht's, Hunde.«

Sie fliegen förmlich davon, mit erhobenem Schwanz, schön in Linie und in starkem Trab.

Ach, meine Champions!

ELF

Radspuren

DIE NACHT BRICHT AN, UND MIT IHR STELLT SICH
dann doch eine leichte Müdigkeit ein.

Zum Glück setzen die vielen Gerüche, insbesondere
des Viehs, bei den Hunden ungeahnte Kräfte frei.
Wenige Kilometer vor dem Dorf fallen sie in Galopp,
sodass ich kaum dazu komme, den Weg nach den
unverwechselbaren Spuren unserer Lastschlitten ab-
zusuchen und mich zu vergewissern, dass wir auch
richtig sind.

Als wir abermals an eine Weggabelung kommen,
entdecke ich im starken Lichtschein meiner Stirnlampe schließlich die Markierung, die mir den richtigen Weg weist. Eine Viertelstunde später sind wir
bei Nikolaj.

Wir haben über einhundertzwanzig Kilometer zurückgelegt, obwohl die Bedingungen alles andere als
ideal waren. Ich bin stolz auf mein kleines Gespann.

Zur Belohnung bekommen die Hunde eine doppelte
Futterration, angereichert mit Rentierfleischbrühe, die
Nikolajs Frau eigens für sie aufgehoben hat.

Am Ufer des Sees, den das Haus überragt, hat sich
Nikolaj eine Sauna gebaut, die er für uns angeheizt

hat. Sie ist himmlisch, und das ist noch ein schwacher Ausdruck. Ich glaube nicht, dass es ein Wort gibt, das stark genug ist, diesen Augenblick unglaublichen Wohlbehagens zu beschreiben, wenn man nackt diesen Schwitzkasten betritt und die brennend heiße Luft durch jede Pore der Haut dringt. Das ist wie … wie ein Orgasmus!

Nikolajs Familie tut alles, um uns den Aufenthalt so angenehm wie möglich zu gestalten.

Neben seinem Beruf als Trapper hält Nikolaj eine Rentierherde, die letzte domestizierte Herde in diesem arg gebeutelten Landstrich. Er gehört zu den vielen, die dem Kommunismus nachtrauern. Wie die Bewohner vieler entlegener Regionen bezog Nikolaj früher eine staatliche Unterstützung, die ihm ein Mindestauskommen sicherte. Heute, unter den Bedingungen eines neuen Wirtschaftssystems, in dem Rentabilität absoluten Vorrang hat, gehört Nikolaj zu denen, die den Anschluss verpasst haben und ums Überleben kämpfen müssen.

Er setzt seine Hoffnung auf den Tourismus, doch ich glaube nicht, dass die urwüchsige und ohne Frage außergewöhnliche Schönheit des Landes den »Nachteil« seiner Abgeschiedenheit und Unzugänglichkeit wettmachen kann. So diplomatisch wie möglich versuche ich ihm das klarzumachen, damit er sich nicht Hals über Kopf in ein Unternehmen stürzt, das zum Scheitern verurteilt ist.

Wir verbringen einen wunderbaren feuchtfröhlichen Abend miteinander und sprechen ganz offen über alles, was uns durch den Kopf geht.

Es ist spät, als ich in einem Zimmer dieses herrlich warmen Hauses auf meinen Schlafsack sinke. Draußen zeigt das Thermometer ziemlich genau – 48 °C.

Im Morgengrauen ist es nicht weniger kalt, im Gegenteil. Erneut haben wir die psychologisch bedeutsame Grenze von – 50 °C unterschritten, aber das stört uns nicht. Womit ich mich schwerer abfinden kann, ist die Piste. Rund fünfzehn Kilometer Sumpfland trennen uns von einem großen See, an dessen Ende wir auf den Weg stoßen müssten, der nach Toora-Chem führt. Die Hunde schleppen sich auf dieser Piste, die erst kurz zuvor gespurt worden ist, mit weniger als 5 km/h dahin, und mir blutet das Herz, wenn ich sehe, wie sie rackern müssen. Ich helfe ihnen, so gut ich kann, und trabe hinterher, aber was sie brauchen, ist nicht ein leichterer Schlitten, sondern eine anständige Piste!

Nikolaj erwartet mich am Seeufer. Die Schneemobile sind über die topfebene Eisdecke geflitzt. Mittlerweile dürften sie schon einen beachtlichen Vorsprung haben. Hoffentlich wächst er noch!

Ich danke unserem Gastgeber von Herzen und schwenke auf den See ein.

Der Wind hat den Schnee auf dem Eis zusammengepresst, und die Hunde haben endlich ein schönes Geläuf unter den Pfoten, auf dem sie traben können.

Der See ist ungefähr dreißig Kilometer lang und liegt wie eingebettet zwischen Bergen, die so ausgerichtet sind, dass die Sonne uns erreichen kann. Alles beginnt zu glitzern, und wir finden unser Lächeln wieder.

Die Hunde laufen, schön in Reihe und sauber ausgerichtet, immer geradeaus, gleichmäßig wie ein Uhrwerk.

Es herrscht eine tiefe, vollkommene Stille. Die Geräusche, das Knirschen der Kufen im kalten Schnee, das Hecheln der Hunde, das Trommeln ihrer Pfoten und die Tritte meiner Stiefel, wenn ich mich mit dem Fuß abstoße, um ihnen zu helfen und mich aufzuwärmen, durchdringen die Luft, ohne dass sie etwas von ihrer ursprünglichen Klarheit verliert. Sie begleiten mich wie die Musik, die der Vordersteven eines Schiffes auf See erzeugt. Ich werde ihrer nie überdrüssig, so wie ich auch stundenlang den Hunden zusehen kann, ohne davon genug zu bekommen.

Am anderen Seeufer mache ich ein Feuer und gönne den Hunden eine zweistündige Pause, damit sie sich von diesem langen Vormittag, der so schlecht begonnen hat, erholen können. Die Sonne hat kaum länger als eine Stunde über den Kamm der Berge geblinzelt, und das Tal versinkt wieder im kalten Schatten des sibirischen Winters.

Nachdem ich die Hunde versorgt und selbst etwas gegessen habe, lege ich mich eine Weile auf den Schlitten. Der Rücken verlangt diese Pause, die ich ihm sehr gern gewähre. Ich gebe mich Träumereien hin, die mich weit von hier forttragen.

Als wir wieder aufbrechen, ist es drei Uhr am Nachmittag, und das Tageslicht verblasst bereits. Wenn es etwas gibt, das mir am Winter nicht gefällt, dann, dass die Tage so kurz sind. Kaum sechs Stunden im Dezember, das ist zu wenig.

Der Weg führt einen nicht sonderlich steilen Berg

hinauf. Der Anstieg ist gleichmäßig, und der hohe Nadelwald herrlich. Wir kommen gut voran. Bis Toora-Chem sind es etwas mehr als achtzig Kilometer, und ich nehme mir vor, am Abend dort zu sein, selbst wenn ich die Hunde, denen ich anschließend zwei volle Ruhetage gönnen könnte, etwas antreiben muss. Das wird mir Gelegenheit geben, die Grenzen des einen oder anderen besser kennenzulernen.

Mit Einbruch der Dunkelheit beginnen die Unannehmlichkeiten. Noch weiß ich nicht, dass mir eine der schlimmsten Nächte meines Musherlebens bevorsteht.

Der Weg führt an einem Fluss entlang, den er ein erstes, dann ein zweites Mal überquert. Die Brücken sind aus Holz und etwas wacklig. Kurvik, der neben Gao an der Spitze läuft, ist nicht ganz auf der Höhe. Ich tausche ihn gegen Taran aus.

Wir kommen an eine dritte Brücke. Im Schein meiner Stirnlampe erkenne ich, dass sie noch baufälliger ist als die beiden anderen. Ein paar Baumstämme sind über die Bohlen gelegt, zwischen denen zu große Lücken klaffen. Die ganze Konstruktion ist wacklig und mit Schnee bedeckt, sodass manche Ritzen zu sehen sind und andere nicht. Eine schöne Falle für Hundepfoten. Aber wir haben keine Wahl.

»Los, meine Hunde. Langsam.«

Gao setzt sich in Bewegung, schnuppert, peilt die Lage und dreht sich um, als wollte er sagen: »Bist du sicher, dass du da lang willst?«

»Los, Gao. Ja! Vorwärts!«

Er tastet sich vor, setzt eine Pfote auf, weicht zurück.

»Vorwärts!«

Aber nichts zu machen, und auf einmal bekommt es die Meute hinter ihm mit der Angst zu tun. Ich hebe meine Stimme ein wenig, denn er muss mir gehorchen.

»Los, Gao! Vorwärts!«

Der neben ihm angespannte Taran hat bisher nur dagestanden und zugesehen. Doch dann geschieht das Unerwartete: Er setzt sich in Bewegung. In Anbetracht meiner Unnachgiebigkeit und Gaos Weigerung weiterzugehen, hat er anscheinend beschlossen, bei dieser Operation die Führung zu übernehmen, und beweist es, indem er Gao an der Halsleine, durch die sie miteinander verbunden sind, einfach mitzieht. Gao sträubt sich, bremst mit allen vieren, aber Taran ist wie aufgedreht. Ich feuere ihn an.

»Ja, Taran! Gut so! Ja!«

Vorsichtig, aber entschlossen arbeitet er sich auf den schlüpfrigen und wackligen Stämmen, die wenig Halt bieten, vorwärts. Normalerweise sind Hunde versucht, solche gefährlichen Stellen möglichst schnell zu passieren, und die eigentliche Schwierigkeit besteht darin, sie zurückzuhalten, damit sie sich, sofern möglich, genau überlegen, wo sie hintreten.

»Sachte, sachte!«

Taran, perfekt in seiner neuen Rolle, setzt mit Bedacht eine Pfote vor die andere.

Dann sind wir auf der anderen Seite. Ich stoppe das Gespann, gehe nach vorn und beglückwünsche den Helden. Wenn das keine Überraschung war!

Taran hat nie besondere Anlagen für diese Position erkennen lassen. Er hat zwar immer als einer der besten Hunde des Gespanns gegolten, aber nicht als Leithund. Und dann zeigt er ausgerechnet in dieser kitzligen Situation, was in ihm steckt!

Ich bleibe eine Weile bei ihm. Ich spreche mit ihm, ohne Gao zu vernachlässigen. Mir ist ein wenig bang davor, wie Gao reagieren wird. Noch scheint er die Sache gut wegzustecken.

»Na schön, ich habe Angst gehabt. Und ja, Taran hat bei der Operation die Führung übernommen. Na und?« So interpretiere ich seine Haltung.

Er und Gao haben sich immer gut verstanden. Ich bin gespannt, wie sie sich nach dieser unerwarteten Geschichte verhalten werden.

Diesmal gebe ich das Kommando zum Weiterfahren beiden Führungshunden.

»Auf geht's, Gao! Auf geht's, Taran!«

Seite an Seite jagen sie in die Nacht.

Wir überqueren eine Art Pass und gelangen in einen Wald. Der Weg ist hier nicht mehr so steinig und auch weicher. Mächtige Forstmaschinen, die hier im Sommer und Herbst im Einsatz sind, haben mit ihren riesigen Rädern gewaltige Spuren gegraben, die sehr breit und fast einen Meter tief sind. Sie sind gefroren und an den Rändern steinhart. Der Grat zwischen ihnen ist ziemlich schmal, kaum breiter als der Schlitten, und leicht gewölbt. Ein seitliches Ausweichen ist nicht möglich. Der Weg ist schmal, und der Wald, den er durchschneidet, ist überall sehr dicht. Obwohl Taran und Gao meine unablässigen Kommandos befolgen und alles tun, um den Schlitten in der Mitte des Weges zu halten, rutscht er regelmäßig in einen der Gräben ab und bleibt hängen.

Es ist zum Verzweifeln.

Ich stehe die ganze Zeit über den Haltegriff gebeugt und versuche, ein Abrutschen zu verhindern, aber das Geläuf ist nicht nur sehr schmal, sondern auch glatt, und meine Kräfte erlahmen rasch. Erschwerend kommt hinzu, dass das Gelände in der Dunkelheit schlecht zu lesen ist. Nach einer Stunde, die einem Albtraum gleicht, halte ich völlig erledigt an.

Meine Unterwäsche ist durchgeschwitzt und klebt mir am Leib, und der Schweiß gefriert sofort, wenn die Haut abkühlt, was bei −45 °C nicht lange dauert. Ich packe meinen Schlafsack aus, um mich aufzuwärmen, aber ich bin durchgefroren bis auf die Knochen. Nach einer Stunde fahre ich weiter, in der leisen Hoffnung, dass die Bedingungen bald besser werden. Doch das ist nicht der Fall. Im Gegenteil.

Es wird so halsbrecherisch, dass ich beschließe, in den Wald auszuweichen. Mein einziger Trost in dieser Nacht ist Taran, der wahre Wunder vollbringt. Immer ganz Ohr, führt er jedes Kommando exakt aus, als sei er sich der Bedeutung seiner neuen Rolle bewusst, und vermutlich auch aus Angst, diesen Ehrenplatz wieder zu verlieren. Gao ist kein bisschen eifersüchtig oder gekränkt. Offenbar macht es ihm nichts aus, die Verantwortung mit dem Gefährten zu teilen.

»Zu zweit sind wir noch viel stärker!«

Und das ist auch nötig, denn unter diesen Bedingungen nach Toora-Chem zu gelangen erfordert eine Glanzleistung. Normalerweise geize ich mit diesem Wort, wenn ich von meinen Reisen berichte, aber hier ist es absolut angebracht.

Im Wald ist das Fortkommen nicht einfacher. Es

liegt hoher Schnee, und die Espen, Birken und Nadel-
bäume bilden ein regelrechtes Dickicht. Es geht nur
ruckweise voran. Immer wieder kippt der Schlitten
um, verklemmt sich oder bleibt im Schnee stecken.
Nach zweihundert Metern kehren wir auf den Weg
zurück und folgen ihm, bis uns die nächste unpassierbare Stelle zwingt, wieder in den Wald auszuweichen,
und so weiter und so fort …

Ich habe am ganzen Körper blaue Flecken, bin
deprimiert und erschöpft. Gegen zwei Uhr morgens
halte ich noch einmal an. Es gelingt mir, eine Dreivier-
telstunde zu schlafen, bevor die Kälte mich weckt.

Wir brechen wieder auf.

Taran und Gao tun ihr Möglichstes und suchen die
besten Passagen, aber die Bedingungen sind überall
gleich schlecht. Sie finden ebenso wenig Halt wie der
Schlitten und rutschen immer wieder in die tiefen
Radspuren ab.

Unsere Lage ist wahrlich nicht beneidenswert.

Um fünf Uhr morgens die nächste Rast, danach wieder zwei Stunden Quälerei.

Im Morgengrauen gelangen wir an eine Art Kreuzung, und der Weg wird etwas breiter. Eine Piste führt
zu einem kleinen Gehöft, aus dem Rauch aufsteigt.
Instinktiv biegen die Hunde ab, und ich hindere sie
nicht daran.

Ich halte mit dem Schlitten in sicherer Entfernung,
denn an einem Schuppen sind ein paar Hunde ange-
leint. Durch ihr Bellen haben sie den Bewohnern des
Hofs unsere Ankunft gemeldet.

Es sind fünf, zwei erwachsene Männer, eine Frau
und zwei kleine Kinder. Die beiden Männer sind Brü-

der und arbeiten hier zusammen. Der eine bewirtschaftet hauptsächlich den Hof, der andere ist Jäger und Fallensteller. Er zeigt mir seine Pelze: vierundfünfzig Zobel und zwei Luchse. Die Ausbeute einer durchschnittlichen Saison. Der Winter ist spät gekommen, und dann hat sich das Wild wegen der strengen Kälte tiefer in die Wälder zurückgezogen.

Wir ziehen die Landkarte zurate. Wolodja erklärt mir, dass ich zwei Möglichkeiten habe: die schlechte ist der ausgefahrene Weg, die gute eine Seenkette, an die sich ein zugefrorener Fluss anschließt, der ungefähr dreißig Kilometer von hier auf eine bessere Straße ohne Radspuren führt.

Genau solche Informationen sollte eigentlich das Team der Pistenmacher sammeln. Das ist ihre Aufgabe, und aus diesem Grund sind sie hier ... Aber wie soll das gehen, wenn sie nicht einmal über den notwendigen Vorsprung verfügen?

Ich könnte mich schwarz ärgern, aber die Aussicht auf Besserung lindert meinen Zorn und macht mir etwas Mut.

Wolodja lädt mich zum Tee ein. Dazu gibt es köstliche Butterbrote, die er von einem warmen Laib abschneidet, den er eben aus dem Ofen geholt hat. Das hilft jedem Reisenden wieder auf die Beine, selbst einem so deprimierten und müden wie mir.

Nur ungern verabschiede ich mich von den Butterbroten und kehre zu den Radspuren zurück.

Zum Glück liegt das Schlimmste hinter uns.

Damit kein Irrtum aufkommt: Die Piste wird nicht gut, sie bleibt grauenhaft, aber verglichen mit der von letzter Nacht stellt sie eine klare Verbesserung dar.

Der Jäger hatte nicht zu viel versprochen. Dreißig Kilometer weiter haben wir Grund zum Jubeln: Vor uns taucht eine schöne Schneestraße auf.

Die Hunde stürmen los und halten ihren schnellen Trab bis Toora-Chem.

Ich treffe zwei Stunden vor dem Team ein, das mir eigentlich den Weg weisen und eine Piste spuren sollte. Die Jungs haben sich zwanzig Kilometer vor der Ortschaft verfahren und sind eine Zeitlang im Kreis herumgeirrt. Gottlob bin ich nicht den Wegweisern gefolgt, die sie hinterlassen haben.

Sie machen bedröppelte Gesichter, als sie mich sehen. Mit gutem Grund!

Die Stimmung, man ahnt es, ist nicht die beste, hellt sich aber bald etwas auf, denn das Dorf bereitet uns einen herzlichen Empfang mit Gesangs- und Tanzdarbietungen und einem Festschmaus, bei dem ein Trinkspruch den anderen jagt und der Wodka in Strömen fließt. Wir feiern mit, lachen und singen. Manche Sänger entlocken ihren Kehlen unglaubliche Töne, die unwirklich anmuten wie aus einer anderen Welt.

In einer anderen Welt, ja, das sind wir hier in diesem kleinen Dorf mitten in den Bergen. Nach und nach hat die Reise von meinem Denken und Fühlen Besitz ergriffen. Alles, was ich zurückgelassen habe, erscheint mir fern, so fern.

ZWÖLF

Auf der Schneestraße

JETZT GILT ES, KYSYL ZU ERREICHEN.
Es gibt nur eine Möglichkeit, aus den Bergen herauszukommen: Wir müssen der Schneestraße folgen, und die ist auf den ersten dreißig Kilometern in einem miserablen Zustand.

Ich bleibe keine zwei Tage in Toora-Chem. Nicht weil ich keine Lust dazu hätte, sondern weil ich schon zu viel Zeit verloren habe und mir eine Pause von achtundvierzig Stunden einfach nicht leisten kann. Ich verlasse den Ort so ungern wie ein mollig warmes Bett am Morgen. Ich fühle mich wie zerschlagen, müde und ausgepumpt.

Das Thermometer zeigt − 45 °C. Die Luft ist trocken, nicht der kleinste Windhauch. Ein schöner Tag zum Reisen.

Den Hunden geht es gut, wenn man einmal davon absieht, dass einige Sohlenballen etwas angegriffen sind. Kleine Schrammen, die ich unterwegs im Auge behalten und behandeln muss. Mein Vorrat an Booties geht zur Neige. Ich muss mit den wenigen, die ich noch habe, sehr sparsam umgehen, bis auf dem Umweg über Frankreich Nachschub aus Alaska eintrifft.

Gao und Taran traben an der Spitze. Die beiden harmonieren prächtig, und im Moment denke ich nicht daran, sie zu trennen. Als wir auf die Straße mit der planierten Schneedecke kommen, brauche ich sie einfach nur laufen zu lassen. Jedes Kommando ist überflüssig. Doch nach einiger Zeit fällt mir auf, dass Taran sich langweilt und die Lust verliert. Er ist ein Hund für schwierige Fälle. Die braucht er, um sich entfalten und die Eintönigkeit der Piste vergessen zu können.

Ich halte an und ersetze ihn durch Kurvik, der, hocherfreut, wieder Schwung in das Gespann bringt. Taran bekommt den Platz hinter ihm neben Abache, ist aber nicht beleidigt. Ganz im Gegenteil. Er trabt vergnügt dahin, als sei er froh darüber, dass er wieder zurück ins Glied darf und von der großen Verantwortung als Führungshund entbunden ist.

Rund fünfzig Kilometer hinter Toora-Chem verrät mir das Zeichen, das ich mit den Pistenmachern vereinbart habe – ein rotes Band an einem Ast –, dass ich die Straße verlassen und zum Fluss abbiegen muss.

Die Hunde beschleunigen sofort. Sie lieben die Abwechslung und zeigen es. Wieder staune ich über Rocks Gespür für die beste Route, denn die Bedingungen auf dem Fluss sind alles andere als optimal. In vielen Abschnitten ist er nicht vollständig zugefroren, und die vielen Inseln und toten Seitenarme machen es schwer, seinen gewundenen Lauf zu lesen.

Rock hat spielend alle Schwierigkeiten gemeistert. Nach zwanzig Kilometern biegt die Piste vom Fluss ab, durchquert ein Holzfällerlager und kehrt auf die Straße zurück.

Danach führt sie langsam, aber stetig bergan auf

einen hohen Pass, den ich nach fünf Stunden in dunkler Nacht erreiche. Ich gelange in ein kleines Camp, in dem drei Männer leben, die mit der Wartung der Straße betraut sind. Sie gestehen mir, dass sie einen Großteil ihrer Zeit mit Jagen verbringen. Die Gegend ist wildreich. In den Bergen wimmelt es von Rehen und Wildschweinen, und sie besitzen eine Sondergenehmigung, die es ihnen erlaubt, für den Eigenbedarf zu jagen. Schnell wird mir klar, dass sie viel mehr Tiere erlegen, als sie selbst verzehren können. Sie verkaufen das Fleisch und bessern so ihr Einkommen auf, wenn am Monatsende Ebbe in der Kasse herrscht.

Sie wollen mir nicht glauben, dass ich am selben Morgen in Toora-Chem aufgebrochen bin, und noch weniger, dass ich in zwei Tagen das zweihundert Kilometer entfernte Kysyl erreichen kann.

Sie sind schon etwas eher bereit, mir zu glauben, als sie am nächsten Morgen sehen, wie die Hunde im Galopp in Richtung Pass stürmen und ihn ein paar Minuten später überquert haben.

Ein langer Abstieg führt uns durch einen prächtigen Wald in ein weites, baumloses Tal, in dem nur vereinzelte Erlengestrüppe wachsen. Hier leben Scharen von Schneehühnern, die lauthals losgackern, als die Dämmerung alle Berggipfel um uns herum in rotes und malvenfarbenes Licht taucht.

Ich genieße das Schauspiel ebenso sehr wie die Piste, auf der die Hunde in starkem Trab dahinjagen, zufrieden und motiviert.

So vergehen Stunden, und ich vergesse alles, den Zeitverzug, die Müdigkeit, die Kälte. Ich bin wie die Hunde, gehe ganz in dieser Piste auf, die wir zu schätzen wissen wie ein Feinschmecker, der nach langem Darben ein köstliches Mahl vorgesetzt bekommt.

Es ist bereits dunkel, als wir an eine große Jurte gelangen. Thomas und Emmanuel, die die lange Südroute genommen und gestern Abend Kysyl erreicht haben, sind mir auf der Straße entgegengekommen und haben bei den Bewohnern der Jurte um Gastfreundschaft gebeten. Die Jurte liegt ideal auf halber Strecke zwischen dem Pass und Kysyl und gehört Schafzüchtern, die den ganzen Winter hier leben.

Sie fühlen sich durch meinen Besuch geehrt und nehmen mich mit offenen Armen auf. Sie haben von der Expedition gehört, aber nicht damit gerechnet, mich vorbeifahren zu sehen, geschweige denn, mich beherbergen zu können, da sie angenommen haben, unsere Strecke führe weit an ihrer Jurte vorbei.

Sie braten Hammelfleisch und offerieren uns vergorene Stutenmilch, das hiesige Nationalgetränk.

Mir graut davor, aber ich muss sie trinken und Begeisterung heucheln.

Dafür schmecken das Brot und der Hammel umso besser. Im Gegenzug bieten wir Schokolade und Wodka an. Unsere Gastgeber trinken wie gewohnt mehr, als sie sollten. Sie stimmen Lieder an. Einer führt mir zu Ehren eine Jongleurnummer vor, dann schläft der Älteste von ihnen ein und schnarcht so laut, dass an Schlaf nicht zu denken ist. Also feiern wir weiter, essen, trinken, reden …

Als wir uns endlich hinlegen, todmüde und leicht beschwipst, schlafen die Hunde schon seit Stunden. Sie erwachen im Morgengrauen, wesentlich fitter als ich, aber heute Abend sind wir in Kysyl, und dann gönnen wir uns zwei komplette Ruhetage.

Eine Pause, die wir uns weidlich verdient haben und die auch nötig ist, denn wir wissen noch immer nicht, wie wir nach Tomsk – unsere nächste große Etappenstadt – kommen. Wieder einmal gehen die Meinungen auseinander, und die Auskünfte widersprechen sich. Eigentlich wollten wir auf dem Jenissej reisen, aber wie es scheint, ist der Fluss unbefahrbar. Zu viel Packeis, und ausgerechnet an einer der wenigen Stellen, wo unwegsames Gelände ein Ausweichen ins Gebirge verhindert, ist er nur unvollständig zugefroren.

Wir müssen die Route komplett ändern und alles, was organisiert war, wieder umwerfen! Das hat uns gerade noch gefehlt, denn nach den wiederholten und ziemlich deprimierenden Pannen steht das Team vor der Auflösung.

Pierre, zuständig für die Logistik, bemüht sich, für reibungslose Abläufe zu sorgen, aber irgendwie ist Sand im Getriebe. So kann es nicht weitergehen. Werden zwei Tage genügen, um wieder etwas Ordnung in das Chaos zu bringen? Wir möchten es gern glauben, aber alle gehen auf dem Zahnfleisch. Dabei gibt es Arbeit genug. Wir müssen Schneemobile und Schlitten reparieren, geeignete Routen auswählen, Erkundungsfahrten unternehmen, und vor allem müssen die Pistenmacher endlich einen Vorsprung herausfahren, denn wozu sonst sind sie da? Aber um einen Vorsprung herausfahren zu können, müssten sie die Pause in Kysyl, die sie bitter nötig hätten, streichen. Ein Teufelskreis.

Einmal mehr werden wir nur das Nötigste tun, Flickschusterei betreiben, unter Zeitdruck Entscheidungen treffen und nicht vorausschauend genug planen.

Einsicht ist der erste Weg zur Besserung, aber was ändert das?

»Wir werden auch mal wieder Glück haben. Irgendwann muss es ja besser werden«, sagt Pierre immer wieder mit ungebrochenem Optimismus, obwohl er selbst fix und fertig ist.

Glück? Daran fehlte es uns von Anfang an. Es ist zum Verzweifeln. Nehmen wir nur den Jenissej. Wir mussten diesen Fluss einfach in unsere Streckenplanung einbauen, denn er friert jedes Jahr zu. Nur eben dieses Jahr nicht!

DREIZEHN

Kysyl

DIE ESKORTE WÜRDE EINEM PRÄSIDENTEN EHRE machen. Ein imposantes Polizeiaufgebot sorgt bei meiner Ankunft in der Stadt für Sicherheit. Mehr als zehn Streifenwagen fahren mir voraus, sperren die Straße und legen an den Kreuzungen den Verkehr lahm. Dazu kommt ein Heer von Reportern und Kameraleuten, die dem Gespann folgen wollen, es erwarten und … behindern.

Die Straße ist vom Schnee geräumt, und ich habe für die Fahrt durch die Stadt wieder die Räder montiert.

Taran, den ich wieder vorn angespannt habe, lässt sich von dem ungewohnten Trubel leichter ablenken als Gao. Jetzt ist höchste Konzentration gefordert. Die Aufmerksamkeit der Hunde muss voll und ganz meinen Kommandos gelten. Und die sind umso schwerer zu verstehen, als sich in dem Lärm alle möglichen störenden Geräusche überlagern. Taran schafft es nicht, sich zu konzentrieren. Er ist einfach zu neugierig. Er schaut sich die Passanten an, versucht, jedes Geräusch zu identifizieren, interessiert sich für jeden Hund und das, was er tut. Wie soll man da ein Gespann führen, das aufgeregt ist und häufig auch verängstigt und verunsichert?

Gao glänzt in solchen Situationen. Er bleibt die Ruhe selbst und konzentriert sich auf seine Aufgabe, denn er weiß, dass alles davon abhängt, wie gut er die Kommandos ausführt. Und er führt sie blind aus, denn für selbstständige Entscheidungen und Eigeninitiative bleibt keine Zeit.

»Ja, Gao! Gut so!«

Ich beruhige und lobe ihn oft, weil er es verdient, vor allem aber, weil er meine Stimme ununterbrochen hören muss, damit er sie aus dem Lärm herausfiltern kann und wie durch einen Faden mit ihr verbunden bleibt.

Allen Widrigkeiten zum Trotz manövrieren wir den Schlitten in eindrucksvoller Manier durch die Stadt.

»Bravo, Gao! Bravo!«

Schließlich gelangen wir an den Fluss. Hier können sich die Hunde ausruhen, denn sie sind in guter Obhut: Der Präsident der Republik Tuwa höchstpersönlich hat angeordnet, dass meine vierbeinigen Begleiter rund um die Uhr bewacht werden.

Der Präsident erwartet mich in seinem Palast, wo er mich wie einen Staatschef empfängt. Ich spreche ihm meinen Dank aus und bringe meine Freude über seine Einladung zum Ausdruck. Ich berichte ihm auch von meinen Sorgen, und er gibt Anweisung, mir alle Informationen zu beschaffen, die ich für den Fortgang meiner Reise benötige.

Anschließend komme ich in den seltenen Genuss einer schönen heißen Dusche und einer Mahlzeit an einem gedeckten Tisch.

Wir schreiben bereits den 25. Dezember, aber keiner hat Lust, hier, fern der Heimat, Weihnachten zu feiern. Ich beschränke mich auf ein paar Telefonate mit meinen Lieben zu Hause. Allerdings hinterlassen solche Gespräche bei mir immer ein unbefriedigendes Gefühl. Zu groß erscheint mir die Diskrepanz zwischen den nichtssagenden Worten, die wir wechseln, und dem, was ich empfinde.

Die Hunde werden umhegt und gepflegt, massiert, gemästet, verwöhnt und bewundert. Seit regionale und überregionale Fernsehsender immer wieder Bilder von unserer Ankunft in Kysyl ausstrahlen, reißt der Strom der Schaulustigen nicht ab. Der Ordnungsdienst ist sehr nützlich, und die Sicherheitsmaßnahmen, die mir anfangs übertrieben erschienen, erweisen sich als unverzichtbar. Ständig müssen wir den Besuchern verbieten, den Hunden etwas zu fressen hinzuwerfen, sie bitten, sie in Ruhe schlafen zu lassen, denn das brauchen sie jetzt am meisten.

Schließlich legen wir die Route für die nächste große Etappe nach Tomsk fest: Wir wollen nach Westen abbiegen, südlich von Abakan das Gebirge überqueren und dann von Kemerowo aus auf dem Tom weiterreisen. Nach unseren Informationen ist der Fluss mit dem Schlitten befahrbar. Mal sehen.

Das Team der Pistenmacher wird mit dem Lastwagen einen Vorsprung von mehreren Tagen herausfahren und sich ein Bild von der Lage machen. Im Moment brauche ich sie nicht, denn ich werde einer schneebedeckten Straße folgen.

Hoffen wir, dass sie den Vorsprung bis Moskau halten können.

Nach zwei Ruhetagen werden die Hunde wieder so bei Kräften sein, dass sie diese Distanz von dreihundertfünfzig Kilometern in drei Tagen bewältigen können. Die Temperaturen sind plötzlich gestiegen, und zeitweise schneit es, aber auf der Schneestraße stört uns das nicht übermäßig.

An der Stelle, wo das Team der Pistenmacher in Richtung Tom losgefahren ist, legen wir einen Tag Rast ein.

Didier, Rock und Anthony haben vorn gute Arbeit geleistet. Die von ihnen markierte Piste führt durch ganz unterschiedliches Gelände. Sie beginnt auf einem Fluss, führt dann annähernd sechzig Kilometer querfeldein und mündet schließlich in eine schneebedeckte Straße, die wir bald wieder verlassen, um auf einem herrlichen Pfad eine kleine Bergkette zu überqueren, und so weiter und so fort …

Die ganze Schwierigkeit besteht darin, dass wir jetzt durch eine vergleichsweise dicht besiedelte Region reisen. Wir können nicht einfach geradeaus durch die Taiga flitzen, wie man es in der Wildnis tun würde. Neben natürlichen Hindernissen wie Flüssen, Bergen und Wäldern machen uns auch Widrigkeiten zu schaffen, die die Zivilisation einem Hundeschlittengespann in den Weg stellt wie verstädterte Gebiete, Straßen, Eisenbahnlinien.

Aber wir kommen voran. Die Hunde wissen das abwechslungsreiche Gelände zu schätzen, und die meisten Pisten sind in einem guten Zustand, denn die Pistenmacher haben endlich den gewünschten Vorsprung. Manchmal hat der Wind einen Teil der Strecke zugeweht, aber damit muss man leben.

Wir legen im Schnitt achtzig Kilometer pro Tag zurück und gelangen schnell an den Tom, doch leider ist der Fluss entgegen den Auskünften, die wir erhalten haben, nicht befahrbar. Die Pistenmacher haben es versucht, doch er ist voller Packeis und stellenweise gar nicht zugefroren.

Nachdem sie dabei einen ganzen Tag verloren haben, sind sie umgekehrt und haben einen markierten Weg durchs Gebirge genommen. Dort wurden sie von ungewöhnlich großen Schneemassen aufgehalten. Der Weg war den Winter über von niemandem benutzt worden, und sie mussten ständig Bäume zersägen, die quer über die Piste gestürzt waren. Wenige Kilometer unterhalb der Passhöhe kam dann das endgültige Aus. Die Schneemobile blieben in drei Meter Neuschnee stecken. Sie mussten umkehren, und plötzlich stehen wir uns gegenüber. Schon wieder.

»So schaffen wir es nie«, sagt Didier zu mir. »Wir brauchen zwei Teams. Sonst haut das nicht hin. Wenn wir spätabends in ein Dorf kommen, verschwenden wir Stunden damit, Auskünfte einzuholen, etwaige Führer anzuheuern, Reparaturen durchzuführen oder Sprit zu beschaffen. Dann verfahren wir uns, wissen nicht recht, welche Richtung wir einschlagen sollen, müssen die Route markieren, die Piste spuren, und am Abend, nach zwölf Stunden Arbeit, müssen wir feststellen, dass wir kaum die Strecke geschafft haben, die du an einem Tag zurücklegen musst. Es ist zum Verzweifeln.«

Ich setze mich mit Pierre in Verbindung, der bereits in Tomsk weilt und die Anschlussstrecke vorbereitet. Er versichert mir, dass es hinter Tomsk wieder besser

Haran (rechts) unterstützt Gao jetzt an der Spitze. Gao ist deswegen nicht gekränkt, ganz im Gegenteil: Die beiden arbeiten einvernehmlich und harmonisch zusammen.

Die Hunde lieben den Wald, denn die Landschaft verändert sich ständig und ist die Heimat vieler Tiere, an deren Spuren sie gern schnuppern.

Eine schöne Piste wie diese, und das Glück stellt sich wieder ein: stundenlang durch eine betörende Stille zu gleiten und den Hunden beim Traben zuzusehen.

Am Rand der Piste begegne ich einem Trapper, der auf Skiern sein Revier durchstreift. Er jagt Zobel. Die Pelze dieser sibirischen Marderart bringen zwischen 30 und 80 Dollar ein.

Für die Bewohner der Gebiete, durch die wir kommen, sind die Hunde die Helden dieser Geschichte.

Rechts: Tomsk ist der einzige Etappenort, in dem wir uns auf dieser Reise, die vier Monate dauert, drei ganze Ruhetage gönnen.

Hirten reiten oft solche jakutischen Pferde. Sie sind sehr robust und können in jedem Gelände große Entfernungen zurücklegen, selbst mitten im Winter.

Der Schamane einer Gemeinde, in deren Nähe ich raste, stattet mir einen Besuch ab, begleitet von einer kleinen Gruppe, die mich mit einer Tanz- und Musikdarbietung unterhält.

Bei Temperaturen unter −45° Grad heißt es an sibirischen Schulen »kältefrei«. Die Kinder bleiben zu Hause und warten im Warmen, bis es milder wird.

In ihrem Winterlager werden die Rentierzüchter, während sie für den Rest des Jahres Nomaden sind, für ein paar Monate sesshaft.

Bei den nomadisierenden Rentierzüchtern sind die Kinder Könige. Ihnen ist alles oder fast alles erlaubt – das Leben wird später noch schwer genug.

Wir organisieren ein Rennen Schlittenhunde gegen Rentiere. Aber mit meinen Hunden ist so ein Wettkampf unmöglich, denn sie haben nur den einen Gedanken: das Wild zu verspeisen!

In Sibirien beschlägt man Pferde im Herbst mit speziellen Hufeisen, die mit Stollen versehen sind, damit die Tiere auf Eis oder im festgebackenen Schnee auf den Straßen besseren Halt finden.

werde. Hinter Tomsk verlassen wir die verstädterten Gebiete und reisen durch die unberührte Taiga und schließlich die endlose Tundra, wo das Vorankommen leichter ist. Und auf dem Weg nach Norden müssten wir eigentlich die zugefrorenen großen Flüsse benutzen können, insbesondere den Ob, der sich über zweitausend Kilometer weit durch das sibirische Tiefland windet.

»Bald wird es besser«, sagt Pierre.

Immer die alte Leier.

Aber wir nehmen es zur Kenntnis wie ein Ertrinkender, der sich an den einzigen Rettungsring klammert, den man ihm zuwirft.

VIERZEHN

Quebec

ICH LEGE NOTGEDRUNGEN EINE EINTÄGIGE PAUSE ein, damit das Team genug Zeit hat, nach einer Möglichkeit zu suchen, um das Hindernis zu umgehen, danach brechen wir wieder auf.

Für mich ist Tomsk der nächste »Hafen«, den ich anlaufe. Bis dahin werden wir keine Verschnaufpause mehr einlegen, es sei denn, die Hunde brauchen eine, aber noch sind sie wohlauf. Sie haben verinnerlicht, dass wir eine Art sehr langes Rennen bestreiten. Sie fressen gut, erholen sich gut und vergeuden keine Energie, denn sie spüren, dass sie mit ihren Kräften haushalten müssen.

Zeitweise können wir dem zugefrorenen Flussbett des Tom folgen, aber nie sehr lange. Immer wieder zwingen uns gefährliche oder unpassierbare Abschnitte zurück ans Ufer.

Alle Hunde machen Fortschritte bis auf Harfang und Narsuak. Sogar Yukon, der auf längeren Strecken immer wieder Durchhänger hat, steigert sich. Aber was für ein Charakter! Ich habe selten einen Hund gesehen, der so jähzornig ist.

Harfang und Narsuak halten fester zusammen denn je. Allerdings verharren sie im Mittelmaß, denn sobald es etwas schwieriger wird, lassen sie die anderen für sich schuften. Zur Strafe trenne ich sie. Neben Quebec gestellt, zieht Narsuak wie der Teufel, dafür lässt Tchito, von seinem Gönner getrennt, plötzlich nach. Harfang wiederum, der Weltmeister im Müßiggang, lässt sich nirgendwo zum Arbeiten bewegen. Unterm Strich bringt die Umstellung keinen Gewinn, also spanne ich die beiden wieder nebeneinander an.

In einem Dorf dreihundert Kilometer vor Tomsk versteuere ich mich in einer Kurve am Ortsausgang. Der Schlitten schießt durch den verschneiten Straßengraben und einen Erdhügel hinauf. Ein kleiner Lenkfehler, eigentlich nicht der Rede wert. Doch als ich auf die Schneestraße zurückrutsche und das Gespann sich wieder auszurichten versucht, weil sich alle Leinen verwickelt haben, entfährt mir ein Schrei.

»Scheiße!«

Quebec liegt reglos am Boden, stranguliert von der Zugleine, die sich wie eine Schlinge um seinen Hals gelegt hat und an der jetzt neun Hunde ziehen, um den Schlitten freizubekommen. Ich stürze zu ihm, schneide mit dem Messer die Leine durch und schüttele ihn.

»Quebec!«

Aber er atmet nicht mehr.

Ich untersuche ihn genauer, doch ich muss mich den Tatsachen beugen. Er atmet nicht mehr. Quebec ist tot. Tot! Ich beuge mich über ihn und führe eine kräftige Herzmassage durch.

»Quebec! Um Gottes willen, komm zurück.«

Es klappt.

Tränen verschleiern meinen Blick. Ich weiß nicht, ob es Tränen der Trauer sind, weil ich ihn für tot gehalten habe, oder Tränen der Freude, weil er lebt.

Nach einer halben Ewigkeit öffnet er ein Auge. Ich lege mich neben ihn und rede ihm gut zu. Er ist völlig groggy und zeigt zunächst überhaupt keine Reaktion, dann, nach einer guten Viertelstunde, hebt er langsam den Kopf und versucht, aufzustehen. Er torkelt wie ein Betrunkener, kann sich nicht auf den Beinen halten.

Aber dieser Zustand hält nicht lange an. Ich lasse ihn auf und ab gehen. Er schnüffelt hier und dort. Ich halte ihm einen Snack hin, und er frisst ihn. Plötzlich fordern die anderen ihren Teil, und ich muss eine Runde ausgeben. Von den Leinen befreit, nutzt Quebec die Gelegenheit zu einer kleinen Machtdemonstration. Er trottet am gesamten Gespann entlang und streift dabei die anderen, wie um sie herauszufordern, aber nicht einer muckt auf. Er ist der Chef, und alles kuscht.

»Na, offensichtlich geht es dir schon wieder besser.«

Da ich nicht die Absicht habe, hier im Ort zu kampieren, beschließe ich, weiterzufahren und ihn unangeleint nebenher laufen zu lassen. Nur um mir ein Bild zu machen.

»Los, mein Gao.«

Quebec trabt neben mir her, hocherfreut über die Wendung der Ereignisse. So lasse ich ihn eine Weile herumtollen. Eigentlich wollte ich irgendwo hinter dem Dorf rasten, sowie ich einen guten Platz gefunden hätte, doch jetzt beschließe ich weiterzufahren. Quebec scheint sich vollständig erholt zu haben. Jedenfalls trabt er noch drei Stunden lang auf einer Piste dahin, die gespickt ist mit Steigungen.

Am Abend steht ihm eine Sonderration Streicheleinheiten zu.

»Quebec, du hast mir vielleicht einen Schrecken eingejagt.«

Ich liebe diesen Hund besonders. Ohne ihn, da bin ich mir sicher, wäre die Reise zu Ende gewesen.

FÜNFZEHN

Tomsk

ZWEI TAGE VOR TOMSK SINKT DAS THERMOMETER
wieder auf −50 °C. Das ist hier Rekord und bestätigt,
falls es einer solchen Bestätigung noch bedurft hätte,
dass das Klima ebenso verrückt spielt wie der Mensch,
der es verändert.

Wir kommen gut voran und holen jeden Tag etwas
von der Zeit auf, die wir im Dezember verloren haben.

Am Abend vor der Ankunft werde ich am Rand der
Schneestraße von einer Schar Einheimischer begrüßt.
Sie haben eigens zu diesem Anlass eine Jurte aufgebaut, in der ein paar Flaschen Wodka und ein Imbiss
bereitstehen.

So viel Aufmerksamkeit rührt mich.

Sie haben sogar Stroh für die Hunde mitgebracht,
und es ist eine wahre Freude zu sehen, wie sich meine
Helden genüsslich darin wälzen und strecken.

Ich füttere und massiere sie und will mir gerade ein
Nachtlager neben ihnen herrichten, da lädt mich ein
Mann ein, in seinem Haus zu übernachten, zwei Kilo-
meter von hier. Ich erkläre ihm, dass ich die Hunde
nicht allein lassen könne, doch er entgegnet, dass zwei
Milizionäre den Auftrag hätten, auf sie aufzupassen.

Ich lehne dankend ab mit der Begründung, dass ich mich selbst um die Hunde kümmern könne. Aber nichts zu machen: Der Befehl komme vom Gouverneur von Tomsk, und wenn den Hunden in seinem Zuständigkeitsbereich etwas zustoße, werde man die beiden Milizionäre dafür zur Rechenschaft ziehen.

Da er nicht locker lässt und mir zudem eröffnet, dass man ein Essen für mich gekocht habe, gebe ich nach, wenn auch nur widerstrebend, denn ich bin müde. Ich weiß, wie das endet.

Und es kommt, wie es kommen muss. In seinem Haus ist das halbe Dorf versammelt, und ich muss trinken, Toasts ausbringen, allerlei Speisen probieren, Fotos machen, mit diesem und jenem sprechen, mir den Hund eines Dritten ansehen … und Stunden vergehen.

Um Mitternacht bitte ich um ein Einsehen, und man führt mich in eine Wohnstube, in der ein Sofa steht, auf dem ich schlafen kann. Wie so oft in diesen Isbas ist die Hitze kaum zu ertragen, und die Fenster sind so zugefroren, dass man sie nicht öffnen kann.

Gegen vier Uhr morgens gehe ich – die vielen Getränke fordern ihren Tribut – nach draußen, um zu pinkeln und mich ein wenig abzukühlen, was in Unterwäsche und bei −53 °C normalerweise schnell geschehen ist. Wie die meisten sibirischen Häuser verfügt auch dieses über eine Art Wärmeschleuse, die es vor Auskühlung schützt. Ich durchquere sie im Dunkeln und halte auf den Lichtschimmer zu, der durch die einen Spalt offen stehende Außentür fällt. An die Schleuse schließt sich ein recht großer Schuppen an, in dem alle möglichen Dinge aufbewahrt werden, zum Beispiel Fisch und Fleisch, die in der Kälte nicht verderben. Auf dem Rückweg fehlt mir das Außenlicht, das mir vorhin den Weg gewiesen hat, und ich finde die Tür nicht mehr. Ich taste nach ihr. Ohne Erfolg. Ich merke, dass meine Hände taub werden. Ein paar Sekunden später spüre ich sie nicht mehr, und noch immer will es mir nicht gelingen, im Dunkeln diese verflixte Tür zu finden.

Die Situation wird bedrohlich, denn ich bin im Begriff zu erfrieren. Ich schreie und trommele mit meinen gefühllosen Händen gegen die Mauer, aber die ist so dick und meine Gastgeber sind so betrunken, dass es vergebliche Mühe ist. Alles, was dabei herauskommt, ist, dass ich mir an einer an der Wand lehnenden Schaufel böse die Hand verletze.

Noch gerate ich nicht in Panik, aber viel fehlt nicht mehr.

Ich stürze aus dem Schuppen ins Freie. Die Kälte nimmt mir den Atem. Mir bleiben nur noch ein paar Minuten, um einen Ausweg zu finden. Ein Fenster einschlagen? Unmöglich. Sie sind zu hoch, und um hinaufzusteigen oder ein Werkzeug zu ergreifen, müsste ich meine Hände gebrauchen können, und dazu bin ich nicht mehr in der Lage … Mein Handlungsspielraum ist sehr begrenzt.

Schnell. Irgendwas.

Ich renne zum nächsten Haus, das hundert Meter entfernt ist. Als ich an der Tür ankomme, weiß ich, so grotesk die Situation auch sein mag, dass mein Leben auf dem Spiel steht. Das Ende ist häufig lächerlich und entspricht selten dem Leben, das der geführt hat, der es verliert. Unter Abenteurern gibt es dafür Beispiele zuhauf.

Ich weiß nicht, ob die Tür unverschlossen ist, denn ich kann sie nicht öffnen. Ich weiß auch nicht, ob jemand hier schläft. Ich weiß nur, dass ich keine zweite Chance bekomme. Bis zum nächsten Haus ist es zu weit, und meine Extremitäten werden immer schlechter durchblutet. Ich brülle und hämmere mit meinen tauben Händen gegen die Tür, vergebens.

Das gibt's doch nicht. Ich will hier nicht erfrieren.

Endlich ein Geräusch. Die Tür geht auf.

Der Mann stößt mich zurück, als ich eintreten will. Offensichtlich hält er mich für einen Betrunkenen, aber schon im nächsten Moment erkennt er den Ernst der Lage.

Ich benötige eine gute halbe Stunde vor dem Ofen, ehe ich meine Hände und Füße wieder gebrauchen kann. Bis auf ein paar Erfrierungen an Händen, Hals und Unterarmen bin ich glimpflich davongekommen. Ich erkläre ihm alles. Er lacht nicht, denn die Kälte ist wirklich extrem, und er kann ermessen, was ich soeben durchgemacht habe, so lächerlich es auch erscheinen mag …

Er leiht mir einen Mantel, Stiefel und eine Tschapka* und begleitet mich zurück zu dem Haus. Mit einer Lampe leuchtet er mir den Weg zu der Tür, die sich gut versteckt in einer Ecke des Schuppens befindet. Ich danke ihm und eile zu meinem Sofa, finde aber keinen Schlaf. Kaum habe ich mich nämlich hingelegt, piept der Wecker meiner Armbanduhr. Es ist Zeit, zu den Hunden zurückzukehren. Ich muss sie startklar machen und ihnen sagen, dass uns nach der heutigen

---

* Russische Fellmütze mit Ohrenklappen.

Etappe die längste Ruhepause der gesamten Expedition erwartet: drei ganze Tage.

Eigentlich sollte es ein einfacher Tag werden, denn man hat mir zwei Führer geschickt, die mich zum Treffpunkt bringen sollen. Ich bin nämlich verabredet: mit Nelly Olin, der französischen Ministerin für Ökologie und nachhaltige Entwicklung, meinem Freund, dem französischen Botschafter Jean Cadet, dem Gouverneur von Tomsk sowie zahlreichen anderen Persönlichkeiten und Journalisten. Und mit meiner Frau Diane und dem kleinen Côme, meinem jüngsten Kind – die beiden älteren können nicht so lange der Schule fernbleiben.

Aber wie immer läuft nicht alles wie vorgesehen. Auf dem Papier ist freilich alles in Ordnung. Didier und Rock haben die Strecke markiert und mir versichert, dass sie optimal ist: sechzig Kilometer Schneestraße, eine regelrechte Rennpiste.

Und tatsächlich: Auf den ersten zwanzig Kilometern läuft es optimal, aber dann biegen wir plötzlich ab, und es geht querfeldein weiter. Ich sage mir, dass wir gleich auf eine andere Straße kommen, doch nach einem Kilometer durch Tiefschnee muss ich einsehen, dass ich mich geirrt habe. Meine beiden Führer sind mit ihren Schneemobilen weit voraus, und ich schimpfe. Die Hunde haben es satt, im Pulverschnee zu versinken, und lassen es mich spüren. Am liebsten würde ich umkehren oder anhalten, aber ich bin am Mittag mit mindestens hundert Leuten verabredet, die trotz der Kälte am Fluss auf mich warten! Ich warte trotzdem ein Viertelstündchen. Vielleicht werden meine Führer ja unruhig und kommen zurück. Und das tun sie auch. Verwirrt erklären sie mir, dass sie eine Abkürzung nehmen und ein Dorf umgehen wollten. Sie hätten nicht daran gedacht, dass der weiche Schnee den Hunden zu schaffen machen könnte.

Ich führe es ihnen vor, und etwas spät kapieren sie, dass ein Hund kein Schneemobil ist. Sie fahren wieder los, nachdem sie mir versprochen haben, auf schnellstem Wege auf die Straße zurückzukehren. Ein leeres Versprechen, wie sich wenig später herausstellt. Denn als die Straße vor uns auftaucht, machen sie keine Anstalten abzubiegen. Ich halte an, schnalle mir die Schneeschuhe unter und gehe vor den Hunden her in Richtung Straße.

Sowie wir sie erreicht haben, fallen die Hunde wieder in einen schnellen Trab.

Meine beiden Führer holen uns eine Stunde später ein, als wir uns dem Treffpunkt nähern. Sie haben mich überall gesucht und fragen besorgt, ob ich ihren Vorgesetzten und den Journalisten davon erzählen würde. Ich versichere ihnen, dass die Sache unter uns bleibt. Ich bin mir nicht sicher, ob sie mir glauben.

Da ich einen zeitlichen Spielraum eingeplant hatte, komme ich nur eine halbe Stunde zu spät zu dem Treffen. Angesichts der Umstände ist das nicht schlecht.

Ich bin überglücklich, als die Hunde in einen letzten Galopp fallen und ich von Weitem als kleine Kugel meinen Sohn dick eingemummt auf dem Arm seiner Mutter erkenne.

»Côme!«

Im Gegensatz zu meinem Sohn Loup, der mich im selben Alter nicht erkannte, als wir uns während meiner Durchquerung des kanadischen Nordens trafen, erkennt mich Côme auf Anhieb, auch wenn ihn mein eisverkrusteter Vollbart beeindruckt und etwas einschüchtert. Ich stelle ihn sofort den Hunden vor. Ihnen schenkt er sein erstes Lächeln.

Gleich nach meiner Frau umarme ich Nelly und bedanke mich bei ihr, denn durch ihr Kommen verleiht sie dem Umwelterziehungsprojekt, das wir auf die Beine gestellt haben, zusätzliches Gewicht. Sie ist eine Frau, die zu ihrem Wort steht.

Dann sind Jean Cadet und Thierry Vautrin an der Reihe. Die beiden arbeiten unermüdlich an der Lösung der administrativen Probleme, die eine solche Reise zwangsläufig mit sich bringt.

Schließlich die Journalisten. Einige verfolgen meine Projekte freundlicherweise schon seit Langem, und nun sind sie wieder hier.

Doch ich muss weiter. Es sind noch zwanzig Kilometer bis Tomsk, wo der Gouverneur und, wie man mir sagt, eine ganze Delegation sowie über tausend Schaulustige das Gespann erwarten!

Die Hunde verstehen nicht. Sie dachten, wir seien am Ziel. Ich muss meine ganze Überredungskunst aufwenden, um ihnen klarzumachen, dass wir weitermüssen. Aber sie vertrauen mir und laufen noch einmal tapfer anderthalb Stunden, obwohl sie die Nase gestrichen voll haben, wie ich ihnen sehr wohl ansehe. Ich habe sie darum gebeten, also muss es einen Grund dafür geben.

Die Ankunft in Tomsk ist märchenhaft.

In dem Augenblick, als ich den Fluss in Richtung

Hauptplatz überquere, geht die Sonne unter und setzt die Eisdecke in Flammen. Der Platz selbst ist schwarz von Menschen, und wir werden sehnlich erwartet.

Das alles ist eine Nummer zu groß, aber es führt mir vor Augen, welchen Stellenwert die Expedition in Sibirien mittlerweile hat. Durch dieses Abenteuer habe ich entlang meiner Route eine einfache Botschaft vermittelt und mich zum Anwalt derer gemacht, die unter der Gewalt, die man der Umwelt antut, zu leiden haben. Man hat diese Botschaft gehört und verstanden, und man weiß sie zu schätzen. Dieser Empfang ist der Lohn, und in diesem Sinne äußert sich auch der Gouverneur in einer sehr bewegenden Ansprache, die er bei einem Empfang uns zu Ehren im Palast hält.

Am selben Abend sind wir zu einem Diner geladen, das frei von protokollarischen Zwängen und überhaupt nicht langweilig ist. In ungezwungener Atmosphäre können wir uns über das aktuelle Geschehen und die Umweltpolitik unserer beiden Länder austauschen. Zum Beispiel hat man unlängst bilaterale Maßnahmen beschlossen (insbesondere zum Schutz des Sumpf- und Moorgebiets nördlich von Tomsk, das zu den größten der Welt zählt), die zeigen, dass die politischen Akteure mit ein bisschen Weitblick und gutem Willen von Zeit zu Zeit durchaus Fortschritte erzielen können.

SECHZEHN

Ein Drama

DREI RUHETAGE, DAS IST NICHTS ... ZUMAL ICH IN
den drei Tagen genau genommen überhaupt nicht zur
Ruhe komme. Mein Terminkalender ist mehr als voll.

Mehrere Ausflüge sind geplant, darunter auch ein
Flug mit der Ministerin und mehreren Wissenschaftlern in einer Maschine, die mit Geräten zur Messung
der Treibhausgaskonzentration über dem borealen
Wald ausgestattet ist. Im Rahmen dieses Forschungs-
projekts soll auch ermittelt werden, wie viel Kohlendi-
oxid der Wald speichern kann, was bislang noch nie
getan wurde.

Auch die Medientermine jagen sich. Ich muss einer
Vielzahl von Einladungen nachkommen, die ich von
russischen wie französischen Medien bekomme.

Mir bleibt wenig Zeit für meine Familie und zum
Entspannen.

Aber das gilt für alle Mitglieder des Teams. Die
einen müssen Schneemobile und Schlitten in Schuss
bringen, die anderen zusammen mit Vertretern von
Gazprom schleunigst eine Logistik auf die Beine stellen. Unser Ziel ist es, mit möglichst leichtem Gepäck
zu reisen. Zu diesem Zweck müssen wir in allen Ge-

bieten, die wir durchqueren und in denen das Unternehmen Pumpstationen und dergleichen unterhält, Depots einrichten.

Am meisten profitieren von den drei Tagen und der ruhigen, bequemen Unterkunft, die uns Gazprom dreißig Kilometer außerhalb von Tomsk zur Verfügung gestellt hat, die Hunde. Man muss gesehen haben, wie sie sich gähnend auf dem Stroh rekeln und jedes Mal, wenn ich sie dort besuche, um Streicheleinheiten betteln. Eine wahre Freude. Aber das haben sie sich auch verdient.

Das Drama ereignet sich, als ich Gast in einer der seltenen Sendungen des nationalen Fernsehens zum Thema Umwelt bin. Ich will gerade das Studio in Tomsk verlassen, als mir ein Dolmetscher mitteilt, dass ein Wächter angerufen habe. Anscheinend sind die Hunde übereinander hergefallen, und er weiß nicht, was er tun soll.

Ich bin entsetzt. Ich brülle, dass man mir ein Telefon bringen solle.

»Zwei Telefone!«

Mit dem einen rufe ich den Wächter an und erkläre ihm, dass er die Hunde augenblicklich trennen muss, notfalls mit Gewalt, mit einem Stock, mit Tritten, egal wie. Mit dem zweiten versuche ich jemanden vom Team zu erreichen, damit er dazwischengeht. Jede Sekunde zählt.

»Oh nein, das gibt's doch nicht!«

Ich bitte darum, dass man mich sofort zu den Hunden fährt. Aber der Weg ist weit. Die Fahrt dauert eine halbe Stunde, und die Nachrichten, die ich unterwegs erhalte, sind nicht erfreulich. Thibaut, der inzwischen vor Ort ist, hat die Hunde trennen können, aber Narsuak ist anscheinend böse zugerichtet.

»Das Stahlseil ist gerissen«, berichtet er mir. »Sie sind zu dritt über ihn hergefallen. Er hat zahlreiche Bisswunden und ist völlig weg.«

Der mich begleitende Dolmetscher verständigt eine Tierarztpraxis, die umgehend zwei Veterinäre schickt. Wir treffen gleichzeitig ein, und ich stürze zu Narsuak. Er liegt auf einer Decke, Thibaut wacht bei ihm.

Es steht nicht gut um ihn.

Diese Hunde verstehen zu kämpfen und können tödliche Bisse austeilen. Und wenn sie zu mehreren angreifen, hat das Opfer keine Chance. Die beiden Tierärzte sind ziemlich pessimistisch. Wir tragen Narsuak sofort ins Warme, legen ihm eine Infusion, und eine halbe Stunde später wird er in die Tierklinik in Tomsk gebracht, wo er sofort von den Ärzten versorgt wird. Doch die Verletzungen sind zu schwer. Er ist nicht mehr zu retten. Zwei Stunden später stirbt Narsuak an inneren Blutungen.

Ich mache mir Vorwürfe. Ich hätte mich gründlicher von der Stabilität des Stake-outs und seiner Ausleger überzeugen sollen, denn ich weiß, dass die Hunde daran zerren, sowie sie sich erholt haben.

Dass es Narsuak und keinen anderen getroffen hat, ist kein Zufall. Die Meute hatte ihn schon geraume Zeit auf dem Kieker, genau wie seinen Busenfreund Harfang. Ich mache mir Sorgen. Wie wird Harfang reagieren? Ob er den Verlust verwinden wird?

Das hat mir gerade noch gefehlt. Die drei Ruhetage

haben mir keinerlei Erholung gebracht. Sie haben mich nur zusätzliche Kraft gekostet. Und dieser tragische Vorfall hat daran einen großen Anteil. Mir bricht fast das Herz, als ich meinen Sohn in den Armen seiner Mutter wieder abreisen sehe. Loup und Montaine fehlen mir sehr. Am liebsten würde ich alles hinschmeißen und zu ihnen fliegen, zumal die Nachrichten hinsichtlich der weiteren Reiseroute alles andere als berauschend sind. Der Ob ist nicht befahrbar. Wir müssen den geplanten Streckenverlauf ändern und eine breite Schneise nutzen, die man für die Gaspipeline in die Wälder geschlagen hat.

»Sollen wir deinen Aufbruch um ein oder zwei Tage verschieben?«, fragt mich Pierre, der weiß, wie es in mir aussieht.

»Nein, ich breche wie vorgesehen morgen wieder auf, sonst tue ich es überhaupt nicht mehr.«

Ich weiß, dass die Lust nicht wiederkommt. Wenn ich also schon weiterfahre, dann lieber gleich.

Warum?

Ich weiß nicht recht. Weil ich gern zu Ende bringe, was ich angefangen habe. Weil andere an diesem Projekt beteiligt sind und weitermachen wollen. Weil längs der Strecke Menschen auf mich warten. Weil andere meine Reise verfolgen. In Frankreich beteiligen sich mittlerweile Hunderttausende von Schülern an unserem Umwelterziehungsprogramm.

All diese Gründe spielen eine Rolle. Vor allem aber ist es die Hoffnung, dass sich das Blatt endlich wendet und ich diese weite Reise doch noch genießen kann.

SIEBZEHN

Vom Pech verfolgt

DIE PISTENMACHER SIND MIT ZWEI TAGEN VOR-
sprung gestartet und haben unter größten Mühen im
unberührten Tiefschnee entlang der Gaspipeline eine
schöne Piste gespurt. Sie haben jetzt zwei einheimische Führer, die uns von den hiesigen Behörden zur
Verfügung gestellt wurden. Die beiden werden sich
gegenseitig abwechseln, bis wir endlich an den Fluss
können.

Aber in der Nacht vor meiner Abfahrt wird die
Piste verweht und von Schnee zugedeckt ... Gestern
war sie noch optimal, und die Hunde, die vor Energie
nur so strotzen, wären spielend leicht über die vielen
Hügel getrabt, die es zu erklimmen gilt. Es soll einfach
nicht sein. Zuerst ist der Fluss nicht befahrbar, und
jetzt das.

Ich bin fassungslos über unser Pech. Dazu kommt
die Traurigkeit, wenn ich den leeren Platz neben Harfang sehe. Es zerreißt mir das Herz, wenn ich sehe, wie
er niedergeschlagen vor sich hin trabt, unentwegt nach
Narsuak Ausschau hält und nicht versteht, warum er
nicht da ist. Ich versuche so gut ich kann, ihn zu trös-
ten, aber ich fühle mich nicht in der Lage, Zuversicht

zu versprühen und die Moral der Hunde wieder etwas aufzurichten.

Zwei Tage lang macht uns der Wind zu schaffen. Dann, am zweiten Abend, gelange ich auf eine Straße und zu einer Pumpstation von Gazprom. Dort lasse ich zwei Hunde, die sich die Pfoten wund gelaufen haben, zurück und fahre ohne sie weiter. Ein Lastwagen wird sie auf der Straße, die hier parallel zur Gasleitung am Ob entlangführt, zum nächsten Versorgungspunkt bringen.

Das Wetter bleibt wechselhaft und erschwert das Fortkommen. Wind und Schnee wechseln sich ab, und die traurige Meute hat keine Lust mehr. Sie hat den »will to go« verloren, wie die Kanadier sagen. Jene wunderbare Freude am Laufen, die jedem Schlittenhund im Blut liegt und die zu erhalten die oberste Pflicht des Mushers ist. So wie man mit Holz ein Feuer unterhält. Doch ich weiß nicht mehr, womit ich dieses Feuer unterhalten soll. Damit es nicht völlig erlischt, verkürze ich die Distanzen beträchtlich und gewähre den Hunden nach jeder Etappe eine lange Erholungsphase. Taran und Quebec sind noch die beiden fröhlichsten, deshalb lasse ich sie oft an der Spitze laufen, während ich Gao, der etwas angeschlagen wirkt, zusammen mit Kurvik oder Abache dahinter anspanne. Ich stelle des Öfteren um und probiere alle möglichen Kombinationen aus, halte häufig an, um ihre Pfoten zu untersuchen und ein wenig mit ihnen zu plaudern, aber die Moral ist dahin. Die Piste ist einfach zu schlecht, und den Hunden geht es auf die Nerven, dass sie nicht einfach lostraben können.

Wir geraten noch mehr in Verzug.

An jeder Station, in der wir ein Depot eingerichtet haben und die für Fahrzeuge erreichbar ist, tausche ich zwei Hunde aus und behalte nur sieben bei mir. Das Ziel dabei ist, in mehr oder weniger gleichbleibendem Tempo weiterzufahren und nach und nach alle Hunde durchzuwechseln, damit sie ihren »will to go« nicht verlieren.

Aber das genügt nicht. Achthundert Kilometer hinter Tomsk gelangen wir in extrem hügeliges Gelände, das die Gaspipeline ohne Rücksicht auf Höhenunterschiede auf dem kürzesten Weg durchquert. Dazu kommt schlechtes Wetter: Wind und Schnee machen das Fortkommen äußerst beschwerlich. Die Hunde mühen sich tapfer, doch als wir eine schöne, harte Schneestraße kreuzen, weigern sie sich, auf die Piste zurückzukehren. Ich verstehe sie nur zu gut. Diese Straße kommt einer Einladung gleich, und den Hunden zu verbieten, die Einladung anzunehmen, wäre so unmenschlich, als wollte man einem halb verdursteten Kind Wasser verweigern. Sie haben genug von der Piste, auf der sie wie im Morast versinken. Ich lese es in ihren großen, von Raureif gerahmten Augen, deren Blicke zwischen mir und der Schneestraße hin- und herwandern. Wie soll ich ihnen begreiflich machen, dass diese Straße nirgendwohin führt? Jedenfalls nicht in die Richtung, in die wir müssen.

Ich bringe es nicht übers Herz.

»Also gut, Hunde, wir rasten hier.«

Der Himmel hat aufgeklart, es schneit nicht mehr. Der Wind hat sich gelegt, und es ist wieder kälter geworden. Ich entzünde ein Feuer und warte darauf, dass die Hunde sich erholen. Aber eigentlich glaube ich nicht mehr daran. Sie wollen nicht mehr. Ihnen ist die Lust vergangen, und daran werden auch zwei, fünf oder zehn Stunden Rast nichts ändern.

Meine Befürchtung bestätigt sich, als ich zum Aufbruch blase. Taran ist der Einzige, der aufsteht, aber träge, ohne Elan, und nur, weil der Musher gesagt hat, dass es weitergeht.

»Los, meine Hunde.«

Sie sehen mich an, als wollten sie sich entschuldigen, etwas verlegen, aber fest entschlossen, nicht auf die Piste zurückzukehren.

Ich habe den »will to go« meiner Hunde verloren. Ich habe das kostbarste Gut des Mushers verloren. Mir wird klar, dass ich die ganze Zeit das Tempo überzogen habe, während ich es eher hätte drosseln müssen. Unbewusst hatte ich wohl gehofft, die Schwierigkeiten zügiger hinter uns zu bringen, wenn wir schneller und weiter fuhren. Denn es konnte ja nur besser werden. Aber es wurde nie besser.

Jetzt bleibt mir nichts anderes übrig, als Rast zu machen, nicht ein paar Stunden, nicht nur eine Nacht, sondern mehrere Tage.

Mehrere Tage?

Wir sind schon fast zehn Tage in Verzug, und wenn wir noch mehr Zeit verlieren, sind unsere Chancen, Moskau noch rechtzeitig zu erreichen, gleich null oder verschwindend gering.

Aber heute ist mir Moskau egal.

Heute zählen nur die Hunde.

ACHTZEHN

Tagish

DER GAZPROM-TECHNIKER HAT VERGEBLICH AUF mich gewartet, also ist er mir entgegengekommen. Über sein Funkgerät kann ich das Team davon in Kenntnis setzen, dass ich für eine Weile angehalten habe, vielleicht sogar endgültig. Ich habe die Nase voll. Vor allem aber will ich den Hunden diese Plackerei nicht mehr zumuten.

»Bald können wir auf dem Ob weiter«, versichert mir Pierre. »Das Schlimmste liegt hinter uns. Wir müssen weitermachen.«

Das gesamte Team, das sich zu diesem Anlass in einer Gazprom-Station versammelt hat, ist dieser Meinung.

Die Hunde schlafen auf einer dicken Strohschütte. Außerdem ist es mir gelungen, Fisch und Fleischfett zu beschaffen. Damit füttere ich sie, bis sie satt gefressen sind. Die extreme Kälte ist zurückgekehrt, und um die Mittagszeit scheint sogar die Sonne, die wir seit Wochen nicht mehr gesehen haben. Sie tut uns gut.

Schon am nächsten Tag sind Quebec, Taran, Abache und Gao wieder etwas zu Kräften gekommen. Ich spanne sie an und unternehme mit ihnen eine kleine Spazierfahrt über dreißig Kilometer.

Es geht ihnen besser.

Dass sie jetzt wieder mit Begeisterung laufen, liegt nicht an der Auszeit, die sie genommen haben, auch nicht an den Leckereien, die ich an sie verfüttert habe. Meines Erachtens liegt das nur an der Qualität der Piste, auf der sie heute Morgen laufen.

Am Abend haben wir eine Unterredung mit Vertretern verschiedener Behörden. Sie weisen mich auf Schneestraßen hin, die ich benutzen könne. Etwas später telefoniere ich mit den Pistenmachern, die am Vortag aufgebrochen sind. Sie bestätigen mir diese Informationen.

Es lohnt sich also, einen letzten Versuch zu wagen. Vielleicht haben wir endlich das Glück, das uns bisher gefehlt hat. Am selben Abend beschließe ich, einen Hund aus dem Camp des Écorces nachkommen zu lassen.

Ich rufe Alain an.

»Kannst du mir mit der nächsten Maschine nach Paris Tagish schicken?«

Anschließend telefoniere ich mit meinem Freund, dem Tierarzt Dominique Grandjean, und frage ihn, ob er bereit ist, mir den Hund aus Paris herzubringen.

»Bei der Gelegenheit kann ich gleich deine Hunde durchchecken. Brauchst du sonst noch was?«

Ich erzähle ihm, dass einige Hunde von Anfang an, seit den vielen Kilometern auf den verfluchten Schotterstraßen, an Schürfwunden laborieren, die einfach nicht richtig verheilen wollen.

»Ich bringe alles mit, was du brauchst, und noch mehr!«

Diese Gespräche mit meinem alten Freund Alain und dem guten Dominique tun mir sehr gut. Die Aussicht, Tagish wiederzusehen und wieder ein schönes Zehnergespann zu bekommen, muntert mich auf. Ich hatte Tagish aus einem bestimmten Grund zu Hause gelassen. Zwar verfügt er über überdurchschnittliche physische Qualitäten und eine unglaubliche Ausdauer, doch hat er leider eine psychische Macke: Man kann ihm nichts sagen, ihm keinen Vorwurf machen, ohne dass er ein Riesendrama daraus macht. Den kleinsten Tadel nimmt er sich so zu Herzen, dass er Stunden, ja Tage braucht, um sich davon zu erholen. Dieser Hang, alles zu dramatisieren, kann ansteckend wirken und gefährlich werden, wenn man sich auf ein Abenteuer wie dieses einlässt. Deshalb hatte ich ihn zusammen mit drei anderen aus dem Kreis der Auserwählten ausgeschlossen, denn vierzehn Hunde wollte ich nicht mitnehmen. Ein Gespann dieser Länge kommt nicht überall durch und setzt überdies exzellente Pisten voraus.

Es beruhigt mich, dass Dominique Tagish begleitet. Er wird sein Vertrauen gewinnen. Bis zu ihrem Eintreffen in gut einer Woche werde ich nur mit sieben Hunden reisen, damit sich zwei immer ausruhen können.

Wir einigen uns auf drei Versorgungsstationen, wo ich anhalten und die Wechsel vornehmen kann.

Das Thermometer zeigt − 50 °C, als ich wieder aufbreche. Drei Tage lang kommen wir gut voran und schaffen achtzig Kilometer im Schnitt. Endlich ist aus Alaska die Sendung mit den fünfhundert Booties, auf die ich gewartet habe, eingetroffen. Jetzt kann ich die Pfoten der Hunde wirkungsvoll schützen, denn ich weiß, dass der Schnee bei solchen Extremtemperaturen sehr harschig wird. Ich halte oft an, bringe auf einem kleinen Feuer neben der Piste Schnee zum Schmelzen und tränke sie.

Entgegen den Auskünften, die wir erhalten haben, gibt es auf einer Strecke von mehreren hundert Kilometern keine durchgehende Schneestraße, sondern nur kurze Straßenstücke, die zu Gazprom-Stationen führen. Unser Vorausteam hat zwischen diesen Zufahrten Pisten gespurt und sie so miteinander verbunden. Diese Pisten führen durch sehr tiefen Schnee, sind aber in einem so guten Zustand, dass die Hunde ihren Trab beibehalten können. Das verdanken wir der Kälte und dem Umstand, dass unsere Pistenmacher zwei Tage Vorsprung haben.

So reisen wir eine Woche lang bei extremer Kälte dem Ob entgegen, von dem die Pistenmacher behaupten, dass er mittlerweile optimale Bedingungen biete.

Ich freue mich auf den Fluss, denn ich langweile mich auf der Piste entlang der Gaspipeline. Abgesehen von den wenigen Wartungstechnikern begegne ich keiner Menschenseele. Am Ob gibt es kleine Dörfer. Dieses Leben fehlt mir.

Trotz der Kälte finden die Hunde nach und nach ihren alten Rhythmus wieder.

Eines Morgens weist mich eine Markierung, die das Vorausteam neben der Schneestraße angebracht hat, darauf hin, dass wir in Richtung Fluss abbiegen können. Endlich!

»Gee! Gee, meine Hundchen!«

Sie nehmen die Kurve im Galopp und jagen wie der Blitz den Hügel hinunter, dass der Schlitten beinahe umgekippt wäre. Sie lieben die Abwechslung und freuen sich ebenso wie ich auf die neue Umgebung.

Der Fluss ist noch voller Packeis, aber die Ufer säumt ein breiter Streifen aus ebenem Eis, auf dem unser Team die Piste gespurt hat. Sie ist ein wenig schräg, aber sonst in recht gutem Zustand, und wir machen Tempo.

Ich bin glücklich, und die Hunde sind es ebenfalls.

NEUNZEHN

Der Ob

UNSER GLÜCK WÄHRT NICHT LANGE.

Die Pistenmacher, mit denen ich am Abend zuvor über Satellitentelefon gesprochen habe, kamen aus dem Schwärmen nicht mehr heraus. Eine traumhafte Piste auf einem Fluss, der sich durch große Wälder aus Zedern, Birken und Nadelbäumen windet, mit kleinen Fischerdörfern hier und dort, in denen ich ein paar Stunden rasten oder übernachten kann.

»Du wirst nur so dahinfliegen«, hatte Didier prophezeit.

Doch am nächsten Morgen, als ich noch vor Tagesanbruch aufstehe, fest entschlossen, heute eine große Distanz zurückzulegen, muss ich meine Hoffnungen begraben und meine Ansprüche zurückschrauben. Wind ist aufgekommen, und von der Piste, die unsere Schneemobile auf dem Fluss gespurt haben, ist kaum noch etwas zu sehen.

Ich bin am Boden zerstört.

Zehn Tage lang hatte sich kein Lüftchen geregt. Und selbst ein bisschen Wind hätte uns kaum gestört, solange wir neben dem Fluss auf den vom Wald geschützten Schneestraßen unterwegs waren. Doch kaum sind wir auf dem Fluss, kaum können wir auf seinem gefrorenen Bett reisen, worauf ich schon nicht mehr zu hoffen gewagt hatte, kommt Wind auf und erschwert das Vorankommen erheblich.

Doch die Hunde halten sich wacker. Gao hat an der Spitze wieder das Kommando übernommen und führt glänzend alle Richtungskommandos aus. Zum Glück, denn ein ums andere Mal kommen wir von der Piste ab und irren auf der Suche nach ihr auf dem Fluss umher.

Meist finden wir sie in windgeschützten Zonen wieder oder an Stellen, wo der Wind genau in Fließrichtung des Flusses bläst. Dort wird der Schnee die Piste entlanggeweht und schüttet sie nicht vollständig zu, sodass sie erkennbar bleibt. In manchen Biegungen müssen die Hunde durch tiefen Schnee stapfen. Außerdem stoßen wir auf zahllose Schneewehen, die wir vorn hinauf- und hinten wieder hinunterkraxeln müssen. Um den Hunden zu helfen, laufe ich hinterher und schiebe den Schlitten oder bleibe hinten auf den Kufen stehen und stoße mich mit dem Fuß ab.

Meist läuft Abache vorn neben Gao, manchmal auch Churchill, denn ich habe mich gezwungen gesehen, Taran weiter hinten zu platzieren ... aus Gefühlsgründen!

Ich habe keine Ahnung, wie und wann sich Taran und Kurvik gefunden haben, aber es ist passiert. Mit einem Mal sind sie praktisch unzertrennlich. Meine wiederholten Versuche, Taran nach vorn zu stellen, endeten kläglich, denn er war die ganze Zeit nur damit beschäftigt, nach hinten zu schielen, um festzustellen, ob es seinem Kumpel Kurvik auch gut ging. Nebeneinander geben sie ihr Bestes. Und das ist nicht wenig, denn wenn sich ein Taran und ein Kurvik gemeinsam ins Zeug legen, dann bewegt sich was!

Hinten läuft immer noch das Pärchen Quebec und Tchito. Tchito macht Fortschritte. Er ist nicht mehr ganz so knurrig, und mitunter habe ich sogar den Eindruck, dass er die Reise genießt. Quebec bleibt sich treu und lächelt von morgens bis abends.

Harfang hat Narsuak vergessen, aber er ist nicht mehr richtig bei der Sache. Er sucht im Kontakt zum Menschen die Freundschaft und Anerkennung, die ihm die Meute versagt.

Über Yukon kann ich nur staunen. Er wird immer disziplinierter und ausdauernder.

Yukon und Abache harmonieren blendend, vor allem wenn es darum geht, einen unerlaubten Schlenker zu machen, um an einer Wildfährte zu schnüffeln oder Hasenköttel zu fressen! Außerdem ist es ihnen gelungen, ein Birkhuhn zu erhaschen, das sich beim Abheben in dem Erlengestrüpp verfing, in dem es geschlafen hatte. Abache hat es am Flügel erwischt. Der arme Vogel hat zwar zu fliehen versucht und mit dem anderen Flügel wild nach der Schnauze des Angreifers geschlagen, aber der hätte um nichts in der Welt wieder losgelassen. Im Übrigen dauerte die Ohrfeigensalve nicht lange, denn mit einem wohlgezielten Biss in den Hals hat Yukon dem Opfer den Garaus gemacht. Anschließend haben sie die Beute zerrissen und wie einen Appetithappen verschlungen. Man muss gesehen haben, wie sie sich anschließend in die Brust warfen – wie zwei Lausbuben, die sich etwas darauf einbilden, dass ihnen ein toller Streich geglückt ist.

»Also wirklich, Abache! Schäm dich, Yukon!«

Ich schlage einen gespielt ärgerlichen Ton an und sehe mit Belustigung, wie sie einen krummen Buckel machen, den Schwanz einziehen, den Hals recken, die Ohren anlegen und schuldbewusst dreinblicken wie Kinder, die man auf frischer Tat ertappt hat.

Abache hat seine ärgerliche Angewohnheit, immer woanders nachsehen zu wollen, ob dort vielleicht eine bessere Piste ist, nicht abgelegt. Ganz im Gegenteil. Manchmal geht mir das auf die Nerven, und ich lasse es ihn wissen, aber es fruchtet nichts. Zehn Minuten nachdem er das gesamte Gespann wieder einmal auf Abwege geführt hat, ist er imstande, dasselbe noch einmal zu machen, obwohl er dafür einen Rüffel bekommen hat. In solchen Fällen rege ich mich mehr auf, als ich sollte. Normalerweise regelt der hinter ihm laufende Quebec die Sache, indem er mit lautem Knurren zu verstehen gibt, dass er eine neuerliche Dummheit nicht dulden wird. Abache gehorcht dem Chef der Meute besser als dem Musher. Selbst wenn ich ihn anbrülle, was ich schon mal tue, wenn er mich nervt, habe ich nicht Quebecs Autorität. Doch davon abgesehen ist Abache einer der Besten, und ich liebe ihn. Wenn wir anhalten, sucht er immer nach Streicheleinheiten, und seine sanften Augen sind voller Liebe und Zärtlichkeit.

Churchill ist so leicht zu durchschauen wie eh und je. Es fehlt ihm zwar an Charisma, aber er ist und bleibt ein ausgezeichneter Schlittenhund, beständig und ausdauernd. Jedes Mal, wenn ich ihn an die Spitze stelle, sieht er mich an, als wollte er sagen: »Weißt du, mir ist es gleich, ob ich hier vorn bin. Warum nimmst du nicht einen anderen, dem du damit eine Freude machen kannst?«

»Hör zu, Churchill, wenn ich dich hier anspanne, dann weil ich dich auf diesem Platz brauche. Verstehst du?«

Er versteht nicht, fügt sich aber mit leicht resignierter Miene in sein Schicksal und tut, was ich von ihm verlange.

Obwohl die Bedingungen auf dem Fluss nicht ideal sind, kommen wir gut voran und schaffen rund achtzig Kilometer pro Tag. Wenn es Nacht wird, halten wir an, denn der Fluss ist gefährlich. Bei Dunkelheit könnten wir auf dünnem Eis einbrechen oder in offenes Wasser geraten. Ich schlafe selten draußen. Meist finden wir ein Dorf, einen Weiler oder eine einfache Hütte, wo ich übernachten kann.

Die Frage, ob mir Gastfreundschaft gewährt wird, stellt sich nicht. Das ist hier eine Selbstverständlichkeit. Es läuft praktisch immer nach demselben Muster ab. Ich halte mit den Hunden mitten im Dorf an und warte. Mal ein paar Minuten, mal etwas länger. Dann kommen Leute, stellen Fragen, und auch ich stelle Fragen.

»Dann bist du also der Franzose? Wir hätten nicht so schnell mit dir gerechnet. Im Radio hieß es, du bist noch zweihundert Kilometer entfernt. Wie viele Kilometer hast du heute geschafft?«

»Achtzig!«

»Wie gefällt dir unser Land? Warst du früher schon mal in Sibirien?«

Ich breche nichts übers Knie und warte, bis mich

jemand fragt, wo ich hin will. Dann antworte ich, dass ich gern hier übernachten würde, denn die Hunde seien erschöpft. Darauf beraten sich die Umstehenden (in einem Dorf sind es immer etliche) und tragen die Sache dem Dorfvorsteher vor, denn in ihren Augen bin ich ein wichtiger Besucher. Das Prozedere dauert mehr oder weniger lang. Im Allgemeinen muss ich darum bitten, dass man mir rasch einen Platz zuweist:

»Die Hunde müssen rasch gefüttert werden und sich dann ausruhen.«

Man versteht, und dann geht alles ganz schnell. Man zeigt mir einen Platz, und ich führe das Gespann hin. Um meine Gastgeber kümmere ich mich nicht mehr, bis ich ausgeschirrt, das Stake-out gespannt und die Hunde versorgt habe. Dann kommen die Kinder, und ich lade sie ein, mir zu helfen, was sie mit Freuden tun. Sie lernen die Namen der Hunde, fragen nach Gao, Quebec und Taran, den drei Stars, von denen sie in der Zeitung gelesen haben.

Unterdessen wird ein Begrüßungsmahl zubereitet, an dem mal mehr, mal weniger Gäste teilnehmen, zu dem aber jeder mindestens eine Flasche Wodka mitbringt, mit der auf die Freundschaft, auf meine Reise, auf dieses und jenes getrunken werden muss. Und ich kann mich nicht davor drücken. Das ist hier ein heiliger Brauch. Nicht zu trinken wäre eine Beleidigung des Gastgebers.

Selbst wenn man Wodka nicht mag (wie ich), muss man also trinken, wenigstens die ersten beiden Gläser. Und weitere, wenn in rasender Geschwindigkeit ein Trinkspruch nach dem anderen ausgebracht wird.

Ab Anfang März raste ich, wann immer möglich, an sonnigen Plätzen, denn jeden Tag steigt die Sonne jetzt etwas höher.

Wald, so weit das Auge reicht, und dazwischen immer wieder Lichtungen, auf denen sich im Winter die Auerhühner versammeln. Dieser herrliche große Vogel ist das Sinnbild der Region.

Eine traumhafte Piste auf einem Fluss, der sich durch große Wälder aus Zedern, Birken und Nadelbäumen windet, mit kleinen Fischerdörfern hier und dort, in denen ich ein paar Stunden rasten oder übernachten kann.

Die Pistenmacher erhalten fast immer Unterstützung von einheimischen Führern. Sie begleiten sie abwechselnd ein Stück auf der Route, die wir durch die endlose Weite Nordsibiriens geplant haben.

So viele Stunden hinten auf dem Schlitten, so viele Stunden auf dem Weg durch diese unermessliche Weite. Ein innerer Reinigungsprozess. Und viel Zeit für Selbstgespräche.

Eine schlechte Piste. Die Hunde
sinken ein, und der weiche,
kalte Schnee setzt sich zwischen
den Sohlenballen fest, die
geschützt werden müssen. Wir
kommen nur langsam voran.

Eine Rast an ungünstiger Stelle, an der wir dem Wind ausgesetzt sind. Die Pause wird auf ein Minimum beschränkt: eine Stunde, dann geht es weiter. Am Abend finden wir Schutz in einem Wald.

Die Beine sind schwer, aber wenn die Piste fast vollständig mit Schnee zugeweht ist, bleibt einem nichts anderes übrig, als weiterzumarschieren.

Der Ural! Das Geschenk auf dieser großen Reise. Ich überquere die gefürchtete Gebirgskette unter denkbar besten Bedingungen.

Ein russischer Musher macht mir die Freude, mich auf einer Etappe zu begleiten, doch nach knapp 50 Kilometern können seine Hunde das Tempo meiner durchtrainierten Athleten nicht mehr mithalten, und ich muss oft warten.

Im Allgemeinen bitte ich um Nachsicht, wenn man die zweite Flasche aufmachen will, und erkläre, dass ich am nächsten Morgen in aller Frühe weitermuss. Doch auf dem Ohr ist man meist taub. Man hat hier nur selten Gelegenheit, sich zu amüsieren und Fremde kennenzulernen. Also nutzt man sie. Manche Abende sind denkwürdig, fröhlich und interessant. Andere sind weniger lustig, langweilig und wollen kein Ende nehmen.

Die Pistenmacher machen ebenfalls bei Dorfbewohnern halt und kündigen mein Kommen an. Wenn möglich, weisen sie mich telefonisch auf gute Übernachtungsmöglichkeiten hin. Auch die Presse ist mir behilflich. Der Journalist einer viel gelesenen Tageszeitung hat in einem großen Artikel beschrieben, was ich tue, wenn ich in einem Dorf raste, und was ich brauche, nämlich Stroh und Fisch für die Hunde. Der Artikel endet mit einem Tipp, wie man mir eine Freude machen kann: indem man mir ein gutes Bier anbietet. Ich trinke nämlich sehr gern Bier. Seitdem finde ich zu meiner Freude auf dem Tisch meiner zuvorkommenden Gastgeber fast immer eine Flasche.

Wir unterhalten uns auf Englisch oder Russisch, das ich zwar schlecht spreche, aber ganz gut verstehe. Wie ich zu meinen rudimentären Russischkenntnissen gelangt bin, ist eine erzählenswerte Geschichte. Das war 1989, als ich meine erste Sibirienreise plante. Ich ging damals mit ein paar Freunden in ein russisches Restaurant im 15. Pariser Arrondissement, das ein gewisser Nicolas führte. Nach dem Essen, als die meisten Gäste gegangen waren und wir uns noch weiter unterhielten, setzte er sich an unseren Tisch und lud uns zu einem letzten Glas Wodka ein. Wir kamen ins Gespräch, und ich gestand ihm, dass es mein Traum sei, einmal nach Sibirien zu reisen. Nicolas machte große Augen und lächelte auf eine seltsame Art, die ich niemals vergessen werde.

Dann sagte er sehr leise, fast entschuldigend und in einem vertraulichen Ton:

»Auch ich hatte einen Traum. Fünfzehn Jahre lang habe ich davon geträumt, der Hölle dieses Landes zu entkommen.«

»Hölle?«

»Dem Gulag. Ich war fünfzehn Jahre dort, eingesperrt wie ein Tier, in einem Lager südlich von Jakutsk. Im Gegensatz zu den meisten meiner Kameraden habe ich überlebt, weil ich von meinen Kerkermeistern Porträts geschnitzt habe. Auf einmal gaben sie mir etwas mehr zu essen und anzuziehen als den anderen.«

Dann erzählte er mir von seiner Festnahme aufgrund eines Missverständnisses. Er pendelte damals häufig zwischen Frankreich und Russland, weil er eine Russin geheiratet hatte, die er nachholen wollte. Man hielt ihn für einen Spion. Eines Tages wurde er bei der Einreise verhaftet und später verurteilt. In Frankreich rührte kein Mensch einen Finger für ihn.

Er hat seine Frau nie wiedergesehen, und seine Tochter, die zur Welt kam, als er im Gulag dahinvegetierte, hat er nie kennengelernt. Er ist aus dem Lager ausgebrochen und nach einer abenteuerlichen Flucht, deren Geschichte ein eigenes Buch verdient hätte, ins Ausland entkommen.

Ich erzählte ihm also von meinem Traum und all den Büchern, die ihn genährt hatten.

»Wenn du da hinfährst, musst du etwas Russisch können. Komm donnerstagabends her, wenn du magst. Nach der Arbeit bringe ich es dir bei.«

Das taten wir dann acht Monate lang. Nicolas hat mir damit einen großen Dienst erwiesen, aber ich habe ihm den Freundschaftsdienst versagt, um den er mich gebeten hat, nämlich seine Frau (die wieder geheiratet hatte) und seine Tochter zu besuchen, deren Adresse er endlich herausbekommen hatte. Ich habe es ihm zuliebe nicht getan, und den beiden Frauen zuliebe. Wozu wäre es gut gewesen? Ein tragisches Schicksal hatte ihre Wege getrennt. Sie hatten sich ein neues Leben aufgebaut. Wozu die schmerzliche Vergangenheit wieder aufrühren? Nach meiner Rückkehr sagte Nicolas, ich hätte bestimmt das Richtige getan. Wer kann das schon wissen.

Auf jeden Fall habe ich Nicolas viel zu verdanken, denn er hat mir die Augen geöffnet für ein Land mit vielen Facetten, das ich später kennenlernen durfte, als ich meinen Traum verwirklichte und als einer der ersten Ausländer die verbotenen Zonen des hohen Nordens Sibiriens bereiste, die der Gulags, die man am liebsten aus dem Gedächtnis streichen und der Vergessenheit anheimgeben würde.

Ich werde niemals den Augenblick vergessen, als ich mit dem Hundeschlitten hinter einer Flussbiegung zufällig auf ein verlassenes Straflager stieß. In Erinnerung an Nicolas' Geschichte sah ich mir ein paar Zellen an. Sie waren nichts weiter als zwei Quadratmeter große und drei Meter tiefe Betonlöcher, die mit einem dichten Eisengitter verschlossen wurden und keinerlei Schutz vor Schnee und Kälte boten. Durch diese Gitterstäbe warf man den Insassen wie Tieren ein wenig Nahrung zu.

Wie kann ein Mensch so etwas überleben?

Das nenne ich eine wahrhaft große Leistung. Und aus diesem Grund mag ich es auch nicht, wenn man diesen Ausdruck im Zusammenhang mit meinen Reisen verwendet. Aus Respekt vor Nicolas und vor all den wahren Forschungsreisenden der großen Ära: Scott, Amundsen und dem großen Shackleton, die zu einer Zeit, als es noch kein Satellitentelefon oder GPS, keine Karten und andere Errungenschaften gab, in den Polarregionen wahre Heldentaten vollbracht haben.

ZWANZIG

Zehn Hunde

ICH FALLE DIESEM GROSSEN UND KRÄFTIGEN BUR-
schen in die Arme. Dominique.

Ich bin tief gerührt über das Wiedersehen.

Er hat mehrere Stunden bei – 30 °C am Fluss auf mich
gewartet, doch ich bin nicht gekommen, allerdings aus
verständlichen Gründen. Im letzten Dorf, in dem ich
übrigens nicht übernachtet habe, da ich nicht schon
wieder Wodka trinken wollte, nur um etwas Ruhe zu
finden, hatte man mir nämlich gesagt, dass es ungefähr
sechzig Kilometer bis hierher seien, doch in Wirklich-
keit waren es über hundertzwanzig. Was Wunder,
dass ich mich um vier Stunden verspätet habe.

Dominique, der Tagish mitgebracht hat, drückt
mich wieder und wieder. Auch er ist sehr bewegt.

»Mensch, was für eine Freude, deine dreckige
Visage zu sehen!«

»Sehe ich wirklich so schlimm aus?«

»Es geht. Du brauchst etwas Ruhe, und deine
Hunde ebenfalls.«

Zusammen mit dem Tierarzt, der ihn begleitet hat,
wird er sie drei Stunden lang gründlich untersuchen.

Am nächsten Morgen erstattet er mir Bericht.

»Die Hunde sind wirklich in blendender Verfassung. Das ist erstaunlich, wenn man bedenkt, dass sie fünftausend Kilometer in den Knochen haben. Andererseits brauchen sie zwei volle Ruhetage wegen der Pfoten. Sie haben jede Menge kleine Schrammen, die nicht verheilen werden, wenn ihr gleich weitermacht.«

»Werden zwei Tage denn genügen?«

»Ich denke schon. Die Behandlung schlägt bereits an. Sie reagieren gut und schnell.«

»Okay.«

Zwei Tage Pause und richtige Entspannung in einer recht komfortablen Datscha, die den Chefs von Gazprom als Jagdhütte dient.

Ein richtiges Bett, und ich kann doch nicht darin schlafen … Nach einer Rauferei zwischen Churchill und Harfang sind zwei Hunde freigekommen: Quebec und Tagish. Wie, wissen wir nicht genau.

Quebec wollte vermutlich mitraufen und hat so fest an seiner Leine gezerrt, dass der Karabinerhaken gebrochen ist. Und Tagish hat von dem Krawall wahrscheinlich derart Angst bekommen, dass er ausgebüchst ist.

Wir haben zwei Stunden lang die ganze Umgebung abgesucht, aber er bleibt unauffindbar und reagiert nicht auf unsere Rufe.

Deshalb habe ich beschlossen, draußen bei den Hunden zu schlafen und auf Tagish zu warten.

Am nächsten Morgen ist er noch immer nicht aufgetaucht, und ich fange an, mir ernsthafte Sorgen zu machen, denn hierzulande kommt es nicht selten vor, dass man Hunde stiehlt, um ihnen das Fell abzuziehen und Tschapkas daraus zu machen! Als wir seinerzeit mit dem Hundeschlitten Jakutien durchquerten, riet man uns, unseren Hunden an einigen Stellen das Rückenfell zu stutzen, damit sie uns nicht gestohlen würden, und wir befolgten den Rat.

Erst am späten Vormittag finden wir Tagish. Er hat sich unter einem Haufen Stroh verkrochen, wo er es bequem hat.

»Da bist du ja, Tagish.«

Der Ärmste ist von der Rauferei noch ganz verstört, und ich muss unendlich viel Geduld aufbieten, ehe er wieder etwas Vertrauen fasst. Das fängt ja gut an!

Erst zwei Tage später, als wir aufbrechen, hat sich Tagish wieder gefangen. Mit den anderen zu laufen gibt ihm wieder Selbstvertrauen, und mit Vergnügen registriere ich, dass er jedes Mal, wenn wir anhalten, kläfft, was das Zeug hält, weil er sofort weiterwill. Die Meute ist von dem kraftstrotzenden Neuzugang angetan und akzeptiert ihn viel schneller, als ich erwartet habe.

Keine drei Stunden nach dem Aufbruch läuft Tagish vorn neben Gao. Hocherfreut über die Beförderung, legt er sich mächtig ins Zeug und zwingt dem Gespann ein höllisches Tempo auf. Die Hunde traben schön in Reihe, alle Leinen sind gespannt. Das erfüllt mich mit Freude.

Wieder ist das Glück nur von kurzer Dauer.

Kaum sind wir ein paar Stunden unterwegs, kippt das Wetter, und ein schwerer Schneesturm versetzt mir den nächsten Dämpfer.

Die Plackerei beginnt von vorn.

Was ist das nur für ein böser Geist, der alles unternimmt, um uns diese Reise so beschwerlich wie möglich zu machen?

Wieder denke ich daran, alles hinzuschmeißen. Zumal die Pistenmacher weitergefahren sind und sich weigern zurückzukommen. Auch sie sind es leid, für nichts und wieder nichts Pisten zu spuren. Sie verlieren langsam die Lust.

Mit einem hoch motivierten Team sind wir schlecht vorangekommen. Wie werden wir erst mit einem demotivierten und resignierenden Team vorankommen?

Ich war noch nie so nahe daran aufzugeben.

Wozu weitermachen?

In erster Linie bin ich zum Vergnügen hergekommen. Ich habe mich darauf gefreut, ein Land zu durchqueren und zu entdecken. Und ich wollte die Hunde an meiner Freude teilhaben lassen. Doch davon kann keine Rede mehr sein.

Erneut versucht Pierre, mich zur Vernunft zu bringen, und wiederholt, was er im Verlauf dieser Reise schon zehn Mal zu mir gesagt hat:

»Das Schlimmste liegt hinter uns. Jetzt wird es besser.«

Er glaubt bestimmt selbst nicht mehr dran.

Aber er hat recht.

Irgendwann wendet sich das Blatt.

EINUNDZWANZIG

Endlich Glück

DER OB FÜHRT JETZT DIREKT NACH NORDEN. DIE Kälte ist zurückgekehrt, und in der reglosen Luft ist das Knacken des Eises zu hören, das sich unter dem Druck der an ihm nagenden Strömung wölbt. Mit lautem Flattern fliegen im Morgengrauen Schneehühner und Auerhähne von den Wipfeln großer Kiefern auf. Bei den Hunden führt das sofort zu Tempoverschärfungen, die man als Musher besser voraussehen sollte, will man nicht mit dem Hosenboden im Schnee landen und zusehen, wie der Schlitten allein davonfährt.

Gleichwohl muss man bei dieser Kälte den Haltegriff des Schlittens des Öfteren loslassen, um seine mit Eis verklebten Augenwimpern zwischen den Fingern aufzutauen. Da einem dabei fast die Finger abfrieren, muss man für die Durchblutung der Hände sorgen, und während ich das tue, kleben mir die Wimpern wieder zusammen und rauben mir die Sicht. Und so weiter und so fort.

Bei $-50\,°C$ zieht sich das Blut rasch aus unzureichend geschützten Körperteilen zurück, und man muss ständig auf der Hut sein, dass einem Hautpartien, die länger als ein paar Minuten der grimmigen Kälte ausgesetzt sind, nicht erfrieren.

Trotzdem liebe ich diese Kälte, denn sie verzaubert die Landschaft. Ein besonderes Licht legt sich über sie, ein unwirkliches, leicht metallisches Licht, das so subtil ist, dass man sich, will man es in allen Nuancen erfassen, von der Kälte durchdringen und verführen lassen muss, ein Teil von ihr werden muss, ein Teil ihrer Welt, die die meisten Menschen meiden wie einen bissigen Hund. Doch sie lässt sich zähmen und bietet dem, der mit ihr richtig umzugehen versteht, so manches Schauspiel, das sich mit den bedeutendsten Opern der Welt messen kann.

Wir, die Hunde und ich, reisen durch die eisige Kälte wie durch eine Kathedrale, schweigsam, ehrerbietig, beinahe feierlich. Für mich ist sie eine alte Bekannte. Wir sind so oft zusammen gereist, dass wir uns nicht mehr viel zu sagen haben.

Wir verstehen uns gut, wie zwei alte Leute, die am offenen Kamin sitzen, sich anlächeln und zufrieden anschweigen. Worte sind überflüssig geworden. Wir wissen alles vom anderen. Alle Geschichten sind erzählt. Sie brauchen weder noch einmal erzählt noch kommentiert zu werden.

Es ist die letzte strenge Kälte, das letzte Aufbäumen des Winters, der seinen Griff nicht lockern will. Schon werden die Tage wieder länger. Mit jedem Tag steigt die Sonne etwas höher und erwärmt in den Mittagsstunden die eisige Luft.

Überall am Ob haben die Bewohner der Dörfer Netze und Reusen aus geflochtenen Weidenruten ausge-

bracht, um dem Fluss möglichst viel Fisch zu entrei-
ßen. Sie schlachten das Huhn, statt die Eier zu essen –
wie wir alle es inzwischen tun, mit den Wäldern, den
Meeren, dem Boden. Wir nehmen uns immer mehr,
ohne an die Zukunft zu denken, in der man sich mit
kümmerlichen Resten wird begnügen müssen. Alle
Fischer sagen das voraus, alle Jäger wissen es. Es gibt
immer weniger Fisch und immer weniger Wild. Aber
was tun?

Die Regierung erweist sich als unfähig, den Geset-
zen Geltung zu verschaffen. Diese Gesetze beschrän-
ken die Größe der Netze, schreiben Quoten vor, verbieten den Fang bestimmter Fische. Aber keiner hält
sich daran.

Wilderer und Schwarzfischer bestechen die viel zu
wenigen Ordnungshüter mit Wild, das sie erlegt, oder
Fisch, den sie gefangen haben.

Trotzdem jammert jeder.

Mit den Fischern am Ob ist es wie mit den meisten
Menschen unseres Jahrhunderts. Sie wissen, dass ihr
Verhalten unverantwortlich ist, ändern aber nichts
daran.

»Pah! Das wird sich schon zeigen.«

Nichts wird sich zeigen.

Es wird Jahrzehnte dauern, bis die Natur sich wieder erholt hat, und die vielen Arten, die bereits ausge-
storben sind, wird man nicht zurückholen können.

An dies alles, an diese verrückte Welt, denke ich auf
meinem Schlitten, während wir auf einem großartigen
Fluss dahingleiten, der dem Menschen seit Jahrtausen-
den gibt, was er zum Leben braucht, und den man

innerhalb weniger Jahrzehnte verseucht und ausgeplündert hat.

Wie wird man angesichts unseres heutigen Verhaltens unsere Generation in ein paar hundert Jahren beurteilen, vorausgesetzt, die Menschheit überlebt? Als eine Generation, die alles zerstört hat? Die Raubbau betrieben hat an den gewaltigen und vielfältigen Ressourcen dieses wunderbaren kleinen Planeten, den wir verschmutzen, ausbeuten, zerstören?

Noch ist es Zeit, das Ruder herumzuwerfen, unsere Zukunft neu zu überdenken und zu einem schonenden Umgang mit den Ressourcen des Planeten zurückzukehren. Doch wir müssen uns beeilen. Schon stehen die Gerichtsvollzieher der Natur vor unserer Tür.

Uns beeilen, das tun auch wir, die Hunde und ich, aber aus einem anderen Grund. Noch trennen uns dreitausend Kilometer vom Ziel, und wir liegen über eine Woche hinter unserem Zeitplan zurück.

Die Hunde laufen gut, und die Piste ist schön. Wir schaffen über hundertzwanzig Kilometer pro Tag. Wir sind schnell, aber wir hetzen nicht.

Wir halten vielmehr das Tempo konstant hoch, denn das können wir. Lange Abschnitte auf dem Fluss wechseln sich mit Etappen auf parallelen Schneestraßen ab, die die Hunde lieben, weil sie dort stundenlang geradeaus traben können.

Viele Menschen staunen über die Entfernungen, die wir zurücklegen. Sie telefonieren von Dorf zu Dorf, geben durch, wann wir abfahren, wann wir durchkommen, wann wir eintreffen. Immer häufiger kommen uns Schneemobile entgegen.

Auf den Schneestraßen begleitet uns manchmal eine regelrechte Eskorte aus Autos und Lastern. Man fährt ein Stück mit, um das berühmte Gespann in Aktion zu sehen. Man bietet mir Rastplätze, Futter, Stroh und Fisch für die Hunde an. Die Leute sind sehr nett. Sie verfolgen beeindruckt, wie gut wir vorankommen, beurteilen unsere Chancen, Moskau noch rechtzeitig zu erreichen, aber eher skeptisch. Die Presse berichtet über diese Reise, die den Charakter eines Rennens angenommen hat und immer mehr Beobachter fesselt, die Kommentare abgeben und Wetten abschließen.

Häufig reisen wir in der Nacht. Die Hunde und ich lieben das. Wie ein Schatten in der unermesslichen Weite der Landschaft gleiten wir einsam durch die stille, schneehelle Nacht.

Die Hunde und ich sind wie berauscht von diesem Rennen, diesen langen Fahrten durch die Kälte des ausklingenden Winters.

Die Piste bereitet uns keine Schwierigkeiten mehr. Wir rasten, wenn uns danach ist, und brechen wieder auf, sobald wir wieder zu Kräften gekommen sind.

Nach und nach holen wir den Zeitrückstand auf und erreichen schließlich Saranpaul im Land der Rentierzüchter, den nördlichsten Punkt der sibirischen Odyssee: In weniger als zwölf Tagen haben wir über eintausendfünfhundert Kilometer zurückgelegt, für die ich ursprünglich fünfzehn Tage veranschlagt hatte.

Und das Wichtigste: Ich komme mit Hunden an, die in blendender Form sind. Wahre Athleten, topfit und glücklich.

Am Horizont taucht die Bergkette des Ural auf. Das älteste Gebirge der Welt. Man hat uns vor ihm gewarnt. Er soll verdammt schwer zu überwinden sein.

Das letzte Hindernis. Hinter dem Ural und diesem Pass, der uns von Asien nach Europa bringen wird, haben wir nur noch etwas mehr als zweitausend Flusskilometer bis Moskau zurückzulegen.

Das letzte Hindernis, aber nicht das geringste.

ZWEIUNDZWANZIG

Der Ural

ZWEI RUHETAGE IN EINEM KLEINEN RENTIERZÜCH-
terdorf.

Zwei Tage, die von vornherein eingeplant waren
und die für die Hunde auch unverzichtbar sind.

Für die Überquerung des Ural, auf dessen Höhen es
stürmen soll, hat Pierre ein Team von Schneemobilfah-
rern zusammengestellt, die das Ministerium für Katastrophenschutz im Verein mit Gazprom angeheuert hat.

Seit einer Woche sind sie damit beschäftigt, eine
günstige Route zu suchen und eine Piste anzulegen,
damit die Hunde so mühelos wie möglich über die
Berge kommen. Rock, Didier und Anthony haben sich
dem Team angeschlossen, dem auch zwei Rentierzüchter aus Saranpaul angehören. Noch nie hat jemand im Winter so weit nördlich den Ural überquert.
Zwei Dörfer, das eine diesseits, das andere jenseits der
Gebirgskette, begeistern sich für das Unternehmen
und unterstützen uns nach Kräften.

Die Piste, die das Team mit ihrer Hilfe durch dieses
Gewirr von Bergen, Pässen und Wäldern spurt, gehört
zu den schönsten, die ich mit dem Hundeschlitten
jemals befahren durfte.

Ein wahres Geschenk.

Ein Geschenk Sibiriens, das mir » Auf Wiedersehen « sagt, oder Europas, das mich willkommen heißt?

Innerhalb von fünf Stunden statt der veranschlagten zehn überqueren wir die Bergkette, ohne dass der leiseste Windhauch das Fortkommen behindern oder die Qualität der Piste, die optimal gefroren ist, beeinträchtigen würde.

Einen Tag lang begleiten mich Rentierzüchter durch diese herrliche Berglandschaft. Wir veranstalten eine Art Rennen. Welch beeindruckender Anblick: ein Hundegespann, begleitet von mehreren Schlitten, die jeweils von zwei Rentieren gezogen werden. Die Hunde sind durch die Gegenwart dieser Tiere, die sie für jagdbares Wild halten, hochgradig erregt. Ich stehe pausenlos auf der Bremse, um ihr Jagdfieber zu zügeln und zu verhindern, dass sie den Rentieren meiner Freunde, die sich köstlich amüsieren, in die Fesseln beißen.

Wir jagen in vollem Tempo durch die weite Tundra, die sich hier von den Höhen des Ural bis zum Meer erstreckt.

Diese Nomaden leben in Sippen mit ihren Herden zusammen. Ich habe sie bei meinen Erkundungsausflügen in ihrem Sommerlager besucht, kurz bevor sie zu ihrer Herbstwanderung aufbrachen, in deren Verlauf sie nach und nach von den Hochplateaus zu den ausgedehnten Flechtenebenen hinabsteigen. Den Winter verbringen sie an der Grenze zur Taiga, die sich wegen der » Klimaerwärmung im Sommer «, wie man hier sagt, immer weiter nach Norden verschiebt. Seit zehn Jahren schrumpft die Fläche der Tundra. Im Süden wird sie vom Wald verschlungen, im Norden vom Meer, das kontinuierlich ansteigt und unerbittlich ins Landesinnere vordringt. Die ersten Dörfer sind bereits verlegt worden oder bereiten sich darauf vor. Man spricht heute von »Umweltflüchtlingen«. In den kommenden zwanzig Jahren könnte ihre Zahl auf mehrere zehn Millionen ansteigen.

Die Rentierzüchter sind besorgt, nehmen aber diese Veränderung, von der sie wissen, dass sie keine natürlichen Ursachen hat, klaglos hin. Wer fragt schon nach diesen Nomaden, die sich in den Weiten der Tundra verlieren und in unserer Zeit kaum größere Überlebenschancen haben als das Sommerpackeis und seine Eisbären?

Nicht viele.

Seit wir das Umland von Saranpaul hinter uns gelassen haben und die Berge erklimmen, staune ich über die vielen Wildspuren, auf die wir treffen. Es ist ein seltenes Vergnügen, solch wildreiche Gegenden zu durchqueren. Die Hunde haben ihre Freude und saugen den ganzen Tag die vielfältigen Gerüche ein, mit denen die Luft geschwängert ist. Man muss gesehen haben, wie sie an den Fährten schnüffeln, nach Hasenkötteln schnappen oder zwischen den Kiefern nach Auerhähnen Ausschau halten, die sie gewittert haben oder deren Gegenwart sie spüren. Sie traben mit dieser stolzen und glücklichen Haltung von Eroberern, die ich so liebe und die mich beglückt wie ein Lachen, das nicht enden will.

Solche Augenblicke wiegen alles Gold der Welt auf.

Ich habe das Gefühl, eine Art Wachtraum zu erleben, den ich gern nach den Stunden auf der Piste weiterträumen würde. Die Hunde verspüren offensichtlich keine Müdigkeit mehr, so beflügelt sind sie von dieser Umgebung und der durch sie hervorgerufenen Hochstimmung. Sie sind von Freude durchdrungen, und ich selbst bin versucht, diese Etappe über ein vernünftiges Maß hinaus auszudehnen, so sehr genießen wir es, durch diese unberührte, weite Landschaft zu gleiten.

Aber noch sind wir nicht am Ziel. Wir müssen unseren Eifer bremsen.

Eine so mühelose und schnelle Überquerung des Ural ist wie eine Kap-Hoorn-Umsegelung, bei der man sich von einer leichten Brise schieben lässt und dabei im Bug des Schiffes ein Sonnenbad nimmt. Das gibt es so gut wie nie. Aber wir haben es uns verdient. Und diesmal bleibt uns das Glück treu.

Als ich in Wuktyl auf der anderen Seite des Ural eintreffe, erfahre ich, dass die Flüsse in einem optimalen Zustand sind, gleichmäßig zugefroren und frei von Packeis. Die Pistenmacher haben ihren Vorsprung von mehreren Tagen gehalten und nahe am Ufer, meist in tiefem Schnee, eine Piste gespurt, die in einem exzellenten Zustand ist. Probleme haben ihnen nur einige Abschnitte bereitet, die der gefürchtete »Overflow« – so nennt man durch Schnee verdecktes oder überfrorenes Wasser oberhalb der Eisdecke – in gefährliche Fallen verwandelt hat. An manchen Stellen sind diese Pfützen einen Meter tief und machen es unmöglich, den Fluss zu queren oder in einer Biegung abzukürzen, indem man auf die Innenseite wechselt. Dadurch verlängert sich die Strecke, die wir zurücklegen müssen, beträchtlich, aber wir wollen nicht kleinlich sein.

Eigentlich müsste Wind unser ständiger Begleiter sein, denn um diese Jahreszeit stürmt es hier normalerweise beinahe ununterbrochen, doch allem Anschein nach befinden wir uns im Zentrum eines stabilen und kalten Hochs.

Die Bedingungen für eine rasante Fahrt sind optimal, und wir werden sie nutzen. Das Gespann ist topfit und bereit, die Herausforderung anzunehmen.

DREIUNDZWANZIG

Dawai! Dawai!

ZWEITAUSEND KILOMETER, UND NUR NOCH KNAPP drei Wochen.

In Moskau laufen die Vorbereitungen für unseren Empfang an. Jacques Chirac hatte Wladimir Putin in einem offiziellen Schreiben gebeten, uns für die Zielankunft den Roten Platz zur Verfügung zu stellen. Viele Leute, auch auf höchster Ebene, haben es für unmöglich gehalten, eine solche Genehmigung zu bekommen, und doch gibt der Kreml unserer Botschaft, die sich unermüdlich und tatkräftig für unser Projekt eingesetzt hat, grünes Licht.

Für mich heißt das, dass ich dem Kreml einen genauen Termin nennen muss, einen Termin, der nicht verschoben werden kann und zu dem sich alle, die meine Ankunft miterleben wollen, einfinden werden: Angehörige, Freunde, Journalisten und Offizielle.

Dann also am 19. März ... oder nie. Sofort läuft eine Maschinerie an, die Marie und Isabelle, die längst aufgehört haben, ihre Stunden zu zählen, von unserem kleinen Pariser Büro aus bravourös steuern. Sie organisieren, entscheiden, koordinieren alles.

Eine wahre Pariser Odyssee!

Wir müssen uns also sputen.

Aber eigentlich ändert dieser Termin nichts.

Der Frühling steht vor der Tür. Längst ist es auch ein Wettlauf gegen ihn.

Ich bin voll bei der Sache und konzentriere mich auf die Hunde, die zu Hochform auflaufen. Kein Detail wird außer Acht gelassen. Ich bin wie ein Formel-1-Pilot, der einen Platz auf dem Podium anstrebt und, um dieses Ziel zu erreichen, in jeder Beziehung seine Höchstleistung bringen muss. Nachdem wir monatelang nur zäh und mühsam vorangekommen sind, macht es jetzt richtig Spaß, dieses Rennen zu fahren.

Die Hunde scheinen zu spüren, dass eine Veränderung im Gange ist und wir jetzt auf die Schlussgerade einbiegen. Ja, sie merken, dass das Ziel näher rückt, und das verleiht ihnen zusätzliche Kräfte. Sie merken es daran, dass der Winter zu Ende geht, aber auch an vielen anderen Kleinigkeiten, die sich langsam zu einer Gewissheit verdichten. Man kennt das von Kindern, die zum Erstaunen der Eltern und ohne dass da etwas wäre, das es ihnen verraten haben könnte, spüren, dass eine Abreise unmittelbar bevorsteht.

»Los, meine Hunde! Dawai! Dawai!«, wie die Russen sagen, wenn sie es eilig haben.

Taran nimmt es klaglos hin, dass ich ihn wieder an die Spitze stelle und für ein paar Stunden von Kurvik trenne, als ob er wüsste, was auf dem Spiel steht. Er, Quebec und Tagish sollen abwechselnd vorne aushelfen.

Gao ist in der Spitzenposition »gesetzt«.

Er verblüfft mich, dieser Hund. Wenn ich mir vorstelle, dass ich eine Zeitlang drauf und dran war, Taran den Vorzug zu geben. Nein, die Goldmedaille gebührt nur Gao.

Quebec und Taran teilen sich Silber.

Kurvik und Abache bekommen Bronze.

Und Harfang hat sich redlich die rote Laterne verdient. Dieser Hund ist ein Witz. Er zieht so gut wie nie. Ein Faulpelz, wie er im Buche steht. Bei ihm ist Hopfen und Malz verloren. Ich habe diese Reise gebraucht, um mir darüber im Klaren zu werden, dass die Leistungen, die er auf kurzen und mittleren Distanzen gebracht hat, nur falsche Hoffnungen geweckt haben.

Aber einer muss immer das Schlusslicht sein.

Da wir jeden Tag mehr als einhundertzwanzig Kilometer zurücklegen, holen wir den Rückstand nach und nach auf. Das Wetter, das um diese Jahreszeit eigentlich wechselhaft sein müsste, bleibt ideal.

Als wir Wologda erreichen, liegen wir wieder exakt im Zeitplan.

Die Stadt bereitet uns einen großartigen Empfang. Aus Moskau sind mehrere Journalisten angereist. Sie begleiten unseren Botschafter Jean Cadet, den der hiesige Gouverneur eingeladen hat, meiner Ankunft hier beizuwohnen.

Wir brechen nach einem Tag Pause wieder auf, als ganz plötzlich, ohne Vorwarnung, der Frühling über uns hereinbricht.

Das Thermometer zeigt am frühen Morgen knappe zehn Grad *unter* null und klettert rasch auf fünf Grad

über null. Und wir haben noch fünfhundert Kilometer
vor uns! Wir müssen uns sputen.

»Dawai! Dawai!«

VIERUNDZWANZIG

Ein unfreiwilliges Bad

DIE WOLGA FÜHRT UNS DIREKT NACH MOSKAU.
Viele Angler nutzen die letzten Tage vor dem Eis-
gang, um ein Loch zu hacken, sich danebenzusetzen
und Zander zu angeln, der um diese Jahreszeit gut
beißt. Das ist hier Nationalsport. Die Dörfer leeren
sich beim ersten Tageslicht. Im Gänsemarsch ziehen
die Männer hinunter zum Fluss und folgen einem ausgetretenen Pfad bis zu ihren jeweiligen Angelplätzen.
Es sind Hunderte, manchmal Tausende, die sich auf
dem Eis verteilen.

Sie wecken die Neugier der Hunde, die mit ausgelas-
sener Freude von einer Gruppe zur nächsten traben.

In einem Dorf, in dem man mir Gastfreundschaft
gewährt hat, schließt sich mir ein russischer Musher
an und begleitet mich mit seinen Hunden.

Wir brechen in der Nacht auf, um die morgendliche
Kühle auszunutzen und schneller voranzukommen.
Der Vollmond scheint auf die Wolga, auf der wir leise
dahingleiten. Als der Tag anbricht, haben wir bereits
fünfzig Kilometer zurückgelegt, und der Musher lässt
mich ziehen. Seine Hunde sind nicht so ausdauernd
wie meine.

Es ist ein herrlicher Tag, aber warm. Ich muss das Tempo drosseln und den Hunden zuliebe häufiger eine Pause einlegen.

Große Wasserlachen sammeln sich auf dem Eis, das erste Sprünge bekommt und unter der Einwirkung der Sonne, die mir ins Gesicht brennt, zu schmelzen beginnt.

Wir müssen uns beeilen.

Das ist der Frühling.

Gao und Quebec laufen an der Spitze, als wir auf besonders schlechtes Eis geraten. Ich bemerke es eine Idee zu spät und kann nicht mehr ausweichen.

Vielleicht hätte ich anhalten sollen. Stattdessen beschleunige ich, um möglichst schnell aus der Gefahrenzone zu kommen. Da gibt das Eis plötzlich nach. Gao und Quebec stürzen ins Wasser. Der Schlitten bleibt fast sofort stehen, und die anderen acht Hunde weichen so weit zurück, wie es die Zugleine zulässt.

Gao und Quebec kämpfen um ihr Leben. Sie versuchen, aufs Eis zurückzuklettern, doch immer wieder bricht der Rand des Loches unter ihrem Gewicht weg, und als sie endlich eine Stelle erreichen, die stabiler zu sein scheint, haben sie keine Kraft mehr. Quebec, der sich in Leinen und Geschirr verheddert hat, geht unter. Gao kann sich gerade so über Wasser halten.

Alles geschieht innerhalb von Sekunden.

Sekunden des Schreckens.

Zum Glück bin ich nicht sehr weit vom Ufer entfernt und kann versuchen, die Hunde zu retten. Selbst wenn ich dabei einbrechen sollte, müsste ich noch festen Boden unter den Füßen haben. Zumindest stünden meine Chancen nicht schlecht.

Ich stürze zu dem Loch.

Quebec ist schon mehrere Sekunden unter Wasser und droht zu ertrinken.

Das Eis hält, und ich klammere mich an der Zugleine fest, packe Quebec am Geschirr und ziehe seinen reglosen Körper nach oben. Dadurch helfe ich auch Gao.

Bald sind alle beide gerettet. Quebec ist noch eine ganze Weile groggy, aber unversehrt. Wir sind noch einmal davongekommen.

Jetzt müssen wir aber schleunigst hier weg und ans Ufer.

»Los!«

Aber was ist das? Ich begehe einen zweiten Fehler, als ich zu schnell ans Ufer will. Gao und Quebec, noch ziemlich benommen, biegen ab, auf den Fluss hinaus. Bestimmt haben sie gespürt, dass das Eis unter ihren Pfoten erneut Sprünge bekommt.

»Nein! Nicht!«

Es ist zu spät. Von panischer Angst ergriffen, weil das Eis bei jedem Schritt unter unserem Gewicht nachgibt, beschleunigen die Hunde. Ihnen bleibt nichts anderes übrig, als weiterzulaufen.

Ich schreie ihnen zu, dass sie umkehren und aufs Ufer zuhalten sollen, aber sie hören nur das Knacken des Eises und suchen ihr Heil in der Flucht. Wir haben die Flussmitte erreicht, als das Eis plötzlich nachgibt. Vier Hunde stürzen ins Wasser, dann der Schlitten.

Ich werfe mich auf die Seite, um nicht selbst einzubrechen. Der Fluss ist hier gut zehn Meter tief, und die Strömung ist stark.

Ein Albtraum.

Alles erstarrt. Die Hunde, die noch auf dem brüchigen Eis sind, rühren sich nicht von der Stelle. Sie zittern vor Angst und blicken entsetzt. Einige winseln jämmerlich.

»Das gibt's doch nicht!«

Jeden Augenblick können sie ins Wasser stürzen. Und dann wird die Strömung sie innerhalb einer Sekunde unters Eis drücken. Das weiß ich nur zu gut.

Die anderen versuchen gar nicht erst, aufs Eis zurückzuklettern. Sie können nicht, denn die Strömung zerrt an ihnen und drückt sie unter Wasser. Nur die Zugleine hält sie an der Oberfläche, und einige versuchen, sie durchzubeißen. Zum Glück hat sie einen Edelstahlkern. Was kann ich tun?

Ich rühre mich ebenso wenig wie die Hunde, froh, dass ich eine Stelle gefunden habe, die mich trägt. Das Heck des Schlittens hängt im Wasser, aber der vordere Teil hat sich verkeilt und geht nicht unter. Noch nicht. Eine Kleinigkeit genügt, und der Schlitten rutscht vollends ins Wasser. Dann wird er von der Strömung fortgerissen und mit seinem Gewicht das gesamte Gespann in die Tiefe ziehen.

Eine Kleinigkeit genügt, und er kippt.

Wir hängen an einem seidenen Faden über dem Abgrund. Wenn er reißt, stürzen wir in den Tod.

In einiger Entfernung stehen drei Angler, die alles mit angesehen haben. Ohne es zu ahnen, werden sie zu den Rettern der Hunde. Denn wären sie nicht da gewesen, das muss ich zu meiner Schande gestehen, hätte ich keinen Rettungsversuch unternommen.

Warum? Weil ich weiß, dass ich mit neunzigprozentiger Sicherheit selbst ins Wasser falle, wenn ich versuche, sie herauszuziehen. Wenn ich mich ihnen nähere, wird das Eis brechen. Es hat ihr Gewicht nicht getragen, also wird es auch meines nicht tragen. Das kann ich mir an zwei Fingern abzählen. Meine Chancen, wieder aufs Eis zu klettern, wären gleich null. Bei einer Wassertemperatur von knapp über null Grad würde ich nur ein paar Minuten überleben und könnte nichts ausrichten. Da kommt man nicht wieder aufs Eis.

Die Anwesenheit der Angler wendet das Blatt. Sie werden mich hier nicht krepieren lassen, direkt vor ihren Augen. Sie werden etwas unternehmen. Jedenfalls nehme ich das an, und das ist der Grund, warum ich das Unmögliche versuche und zu den Hunden herüberrobbe.

Wie durch ein Wunder hält das Eis. Auf dem Bauch liegend schaffe ich es, Abache und Tchito aus dem schwarzen Wasserloch zu ziehen, in dem sie zu ertrinken drohten. Jetzt haben die sechs Hunde, die noch auf dem Trockenen sind, mehr Bewegungsfreiheit. Sie stemmen sich gegen das Eis, und es gelingt ihnen, den Schlitten herauszuwuchten.

Bleiben noch Quebec und Gao.

Ich krieche auf allen vieren zum Rand des Loches, schneide mit meinem Messer die Leinen durch, die sie mit der Hauptzugleine verbinden, und ziehe sie nacheinander an den Geschirren heraus. Ich habe keine Ahnung, wieso mich das Eis die ganze Zeit trägt, obwohl es vorhin unter dem Gewicht der Hunde nachgegeben hat. Es ist ein Wunder. Doch das ändert nichts daran, dass ich mich mit den zehn Hunden und dem Schlitten immer noch auf brüchigem Eis befinde und wir einzubrechen drohen.

Wir müssen hier weg.

Bloß wohin?

Und die verstörten Hunde wollen nirgendwohin.

Es knackt unter meinen Füßen.

Auf allen vieren hake ich Taran los und spanne ihn neben Gao an. Quebec ist groggy und kaum imstande, uns zu folgen.

»Los, Taran! Vorwärts!«

Er gehorcht. Gao folgt ihm.

Ich gebe keinen Richtungsbefehl, denn ich habe keine Ahnung, wohin wir uns wenden sollen. Das Eis ist überall schlecht. Offen gestanden sterbe ich fast vor Angst.

In einem dicht gedrängten Haufen, denn ihre Leinen sind völlig verheddert, folgen die acht Hunde Taran und Gao, die das Kommando übernommen haben. Sie streben jetzt dem Ufer zu, aber wie weit scheint es entfernt!

Jede Sekunde rechne ich damit, dass das Eis wieder nachgibt, aber wenn es jetzt bricht, dann direkt unter dem Schlitten oder hinter uns.

Ich werde weich in den Knien.

Aber das geht vorbei. Taran hört auf mich. Er schlägt die Richtung ein, die ich ihm angebe, und macht einen Bogen um die Stelle, wo wir das erste Mal eingebrochen sind.

In Ufernähe beschleunigt er, und gleich darauf haben wir es geschafft.

Gerettet.

Ich zittere am ganzen Körper, mir ist flau.

Wir sind noch mal mit knapper Not davongekommen.

»Es ist überstanden, meine Hunde!«

Ich gehe von einem zum andern, lobe sie, streichele und umarme sie.

Sie sind alle noch da und am Leben, und mir wird erst jetzt richtig klar, was hätte passieren können.

Ich setze nie wieder einen Fuß auf diesen Fluss.

Der unaufhaltsame Prozess der Eisschmelze hat begonnen, und dieser dramatische Zwischenfall war eine Warnung, die nicht auf die leichte Schulter genommen werden darf.

Uns bleiben noch vierhundert Kilometer, und an beiden Ufern führen verschneite Wege entlang. Die werde ich benutzen, auch wenn die Bedingungen auf solchen ausgefahrenen Wegen nicht so gut sind wie auf dem Fluss.

Ich gönne den Hunden eine ausgiebige Pause, insbesondere Quebec, der sie dringend braucht, dann setzen wir unseren Weg fort.

Aber jetzt kann uns nichts mehr aufhalten, nicht einmal der Schneemangel, der mich zwei Tage später und zweihundert Kilometer vor Moskau zwingt, wieder die Räder zu montieren.

FÜNFUNDZWANZIG

Moskau

VON HÖCHSTER STELLE WURDE ANWEISUNG GEGE-
ben, »alle notwendigen Maßnahmen zu treffen, um
größtmögliche Sicherheit für die Hunde zu gewähr-
leisten«. Das Aufgebot ist beeindruckend.

Es ist fast schon zu viel des Guten. Kaum auf der
Straße, bin ich von Polizeiautos umringt. Sie sind überall, vor mir, hinter mir, neben mir. Die Ordnungshüter
sperren jede Straße für den Verkehr, scheren sich nicht
um die gigantischen Staus, die sich auf den stark
befahrenen Nationalstraßen bilden. Ich habe sie sogar
im Verdacht, dass sie ein gewisses Vergnügen daran
finden. Sie sonnen sich in der Aufmerksamkeit und
der Macht, die ihnen vorübergehend zuteil wird, und
legen einen Übereifer an den Tag, der umso größer
wird, als sie wissen, dass sie Teil eines Medienspekta-
kels sind.

Die Behinderungen, die ich verursache, sind mir
etwas peinlich, und so halte ich alle zwanzig Minuten
am Straßenrand an und lasse die Fahrzeugschlange
hinter mir vorbei. Wider Erwarten bekomme ich keine
Beschimpfungen zu hören, niemand beschwert sich.
Im Vorbeifahren rufen mir die Leute aufmunternde

Worte zu, machen Fotos und filmen, sodass die Polizei gezwungen ist, sie zum zügigen Weiterfahren aufzufordern. Ich nutze diese Pausen, um die Hunde zu tränken und ihnen die neuen Booties anzuziehen, die ich soeben erhalten habe. Ich habe sie bei dem Team von Geologic bestellt, das die gesamte Ausrüstung für die Expedition einschließlich der Schlafsäcke entwickelt hat. Die Booties sind maß- und handgefertigt. Sie bestehen aus Kevlar und sind mit Polarwolle gefüttert. Mit solchen Schutzüberzügen können die Hunde auf Asphalt laufen, ohne sich die kleinste Schramme zu holen.

Zum Improvisieren bleibt kein Raum mehr. Ab sofort gilt ein genauer Zeitplan, die kleinste Verspätung hat Konsequenzen. Kreuzungen sind gesichert, hier und dort warten Kamerateams. Manche haben sogar Hubschrauber gemietet, um uns aus der Luft zu filmen. Mit Behördenvertretern sind Treffen und Zwischenstopps organisiert worden. Ich mache mit, behalte aber stets genau im Auge, was die Hunde leisten können und was nicht.

Sie sind hoch konzentriert. Gao vollbringt unter diesen schwierigen Bedingungen, die ihn verunsichern, irritieren und einschüchtern, wahre Wunder. Sobald es kompliziert wird, dreht er sich zu mir um, um sich einen Befehl, den er im allgemeinen Lärm schlecht verstanden hat, bestätigen zu lassen, oder einfach nur, um ein wenig Zuspruch zu suchen. Ich rede unablässig mit ihm, mache ihm und den anderen Mut.

Wir verstehen uns blendend, und viele Zuschauer sagen mir, es sei beeindruckend, wie gut wir harmonieren. Nur dieses Verständnis ermöglicht es uns, in

Wir gelangen in die geschichtsträchtige russische Provinz,
deren Schönheit man bewundernd und manchmal staunend
an sich vorüberziehen lässt.

Dieses Paar (Taran und Gao) harmoniert nicht mehr so gut wie zuvor ...

... denn Taran hat mit Kurvik tiefe Freundschaft geschlossen und will nun hinten neben ihm laufen.

Sibirier benutzen solche kleinen Schlitten, um Wasser in ihr Haus zu schaffen. Wasser ist ein kostbares Gut, das nicht sinnlos verschwendet wird.

Die meisten Flüsse werden überfischt, die Zahl fortpflanzungsfähiger Tiere sinkt unerbittlich. Die Fischerei sägt an dem Ast, auf dem sie sitzt.

Wäsche, die im fließenden Wasser der Wolga gewaschen und dann in Wind und Kälte getrocknet wird, duftet ganz besonders.

Wir sind auf den letzten Kilometern. Sonderabteilungen der Moskauer Polizei bieten ein beachtliches Kontingent an Sicherheitskräften auf, damit die Hunde ohne Zwischenfälle den Roten Platz erreichen.

Rechts: Die Polizei sperrt den Verkehr auf den großen Straßen der Hauptstadt, auf denen wir zum Roten Platz fahren.

Die letzten Meter auf einem Schneeteppich, den man eigens für uns
»ausgerollt« hat. Die Hunde legen einen tadellosen Zieleinlauf hin.
Die Zuschauermenge jubelt ihnen zu. Es ist geschafft!

Fast alle, die ich liebe, sind da. Es ist eine außergewöhnliche, sehr bewegende Ankunft, ich bin glücklich, erleichtert und stolz auf meine Hunde, aber alles geht viel zu schnell vorbei.

»Danke, mein Gao! Danke!« Mehr bringe ich, mit Tränen der Freude in den Augen und Dankbarkeit im Herzen, nicht heraus.

dieser Umgebung, die für das, was wir tun, nun wahrlich nicht ideal ist, das Unmögliche zu schaffen.

Moskau: hundert Kilometer.

Beim Anblick dieses Schilds erfasst mich zum ersten Mal freudige Erregung.

Wir haben es fast geschafft. Nach so vielen anstrengenden Wochen und Monaten, nach so vielen Schwierigkeiten.

Aber wir müssen konzentriert bleiben. Hier lauern überall Tücken und Gefahren. Beinahe hätte das Auto eines Fernsehteams Gao und Taran überfahren, als sie vor Schreck über eine aufheulende Polizeisirene unvermittelt einen Schlenker zur Seite machten.

Wir lassen keine Sekunde in unserer Aufmerksamkeit nach. Dann, am Abend vor der Ankunft, das Wiedersehen mit den Meinen, die mir entgegengekommen sind. Ich weine lange hemmungslos in den Armen von Loup und Montaine. Dann meine beiden Brüder, meine Mutter, und natürlich Diane. Auch viele Freunde haben die Reise auf sich genommen. Das rührt mich sehr.

Der letzte Tag ist der schiere Wahnsinn, so unfassbar wie eine Fahrt mit dem Hundeschlitten durch diese Stadt.

Alles erscheint mir wie im Traum, die Schaulustigen, der Applaus, die Eskorte. Das ist jemand anderer als ich, der sich da dem Roten Platz nähert. Eine Hundertschaft Soldaten in farbenprächtigen Uniformen bildet für uns ein Ehrenspalier, ehe wir auf den eigentlichen Platz einbiegen. Es ist ein sehr feierlicher

Augenblick. Unwillkürlich frage ich mich, ob das alles unseretwegen ist oder ob wir versehentlich in einen Präsidentenkonvoi geraten sind.

Wir passieren das große Tor. Im selben Moment bricht die Menge in einen lauten Freudenruf aus, der in anhaltenden Jubel übergeht.

»Ja, meine Hundchen!«

Sie haben keine Angst. Ganz im Gegenteil, sie haben begriffen. Sie haben weiter hinten, mitten auf dem Roten Platz, den großen Bogen entdeckt, den man für unsere Ankunft aufgestellt hat und der das Ziel symbolisiert. Und man hat sogar einen Teppich aus Schnee ausgerollt, der direkt darauf zuführt.

Sowie ich das Kommando gebe, fallen sie in Galopp.

Ich recke triumphierend die Arme in die Höhe, und die Hunde, angespornt durch den Beifall der Menge, greifen noch weiter aus.

»Ja, meine Hundchen! Ja!«

Den Rest nehme ich wie im Nebel wahr, das Blitzlichtgewitter, den Schwall von Fragen, die Umarmungen, die lachenden und weinenden Gesichter.

Die Nase in Gaos Fell, das ich mit Tränen benetze, flüstere ich ihm nur ein einziges Wort ins Ohr:

»Danke.«

Dank

Die Expedition wurde unterstützt von Gaz de France und Geologic. **Gaz de France**

Pour l'Homme actif dans la nature

In Zusammenarbeit mit Gazprom

GAZPROM
JOINT-STOCK COMPANY

Mein Dank geht an:

Hauptpartner
Gaz de France: Jean-François Cirelli, Raphaële Rabatel, Didier Poinsot, Nadine Salaris, Mathieu Couzinié, Laurence Ountzian, Anne Le-Gac, Yves Brullé, Rémi Brunet, Marie-Christine Chagrot, Catherine Leboul, Christine Dhaine, Nathalie Vernois-Frendo, Julie Ruvanot.
Geologic: Michel Aballea, François Leneveu, Lionel Adenot, Sophie Maillot, Cathy Couzinié, Ernest Ferron, Véronique Evrard, Vincent Delepiere, Joëlle Colpin.

275

Gazprom: A. B. Miller, A. D. Bespalow, V. G. Jakowlew, V. A. Markelow, U. I. Waschenin, P. N. Savalnij. A. A. Sacharow und die Abteilung Information und Kommunikation.

Technische Partner
Pedigree Pal: Daniel Noury, Alain Saulnier, Sandrine Cerrer, Virginie Orezzi.
Energizer: Martin Burch, Laurent Hennaff.

Offizielle Ausstatter
Yamaha: Allen Hidding, Bruno Melchior, Joël Chavat.
La Roche-Posay: Marie-Hélène Mallet, Julien Ivers, Caroline Bissières, Laura Kakon, Sandrine Gadol, Sophie Seïté.

Institutionelle Partner
WWF France: Cédric Monceau, Nelly Castin, Carole Balducci.
CRDP Paris: Nicole Duchet, Nicole Roggeman, Marie Fardeau, Annie Barbier, Nadia Miri.
ADEME: Michèle Pappalardo, Mathieu Orphelin, Borsi Bailly.

Weitere Partner
Algyval: Jean-Pierre Barrier.
Audisoft Consultants: Nicolas Morel, Céline Quintin.
Avomark: Pierre Vanier, Audrey Lehambre, Corentin Hercule.
Canon: Pascal Briard, Bernard Thomas.
Daher International: Jean-Philippe Legrand, Gilles Deslangles, Hubert Clément, Michel Renaud.

Garbolino: Paul-Henry Viallard.

Laboratoire Esculape: Didier und Maxence Roquette.

La boîte à piles: Frédéric Girard.

Normaction: Jean-Marc Amouroux.

Renault: Jean-Jacques Matter.

Das Team: Rock Boivin, Didier Langou, Pierre Michaut, Thomas Bounoure, Thibaut Branquart, Jean Affanassiew, Emmanuel Hachette, Pierre Heleu, Sascha Romanow.

Kameraleute: Thierry Machado, Pascal Delisi, Christian Gaume, Nicolas Gruau.

Team in Russland: Anna Simbirewa, Anton Kusmi, Andrej Molozew, Alexej Golowinow, Patricia Tschitschmanowa.

Team in Paris: Marie Rouvillois, Ysabel Noël, Romain Lecocq.

Diese Expedition stand unter der Schirmherrschaft des Präsidenten der französischen Republik, Jacques Chirac, dem ich an dieser Stelle ausdrücklich für seine Hilfe und Unterstützung danken möchte.

Ich danke ferner:

Dem Ministerium für auswärtige Angelegenheiten und besonders Philippe Douste-Blazy.

Dem Ministerium für Ökologie und nachhaltige Entwicklung und Nelly Olin, die mich in Tomsk besucht hat.

Dem Ministerium für Gesundheit, Jugend und Sport und ganz besonders Jean-François Lamour.

Dem Ministerium für Bildung und besonders Gilles de Robien.

Der französischen Botschaft in Moskau und speziell Jean Cadet und seiner Gattin, Thierry Vautrin und Mireille Cheval.
Dem Bürgermeister von Moskau und dem Kreml.

Sowie:
Michel Barnier, Bernardo Galittelli, Delphine Besnoit-Meyer, Didier Pourquery, Stéphane Mejanes, Bruno Breton, Philippe Lemoine, Mathieu Fuchs, François-Xavier Lefranc, Olivier Gasselin, Pauline Leroy, Didier Rapaud, Jean-François Chaigneau, Alvaro Canovas, Philippe Petit, Benoit Maury-Laribière, Kostja, Jean-Jacques Fresko, Denis Cheissoux, Sébastien Paour, Abat-jour, Hervé Le Roux, Ingrid Kronborg, Vincent Montgaillard, Michel Valentin, Fabien Metayer, Stéphane Vacchiani, Audrey Mouje, Patrick Mahé, Régis Picard, Claudine Salmon, Michel Polacco, Renaud Moncla, Émilie Le Troadec, Ria Novosti, Stéphane Dupré La Tour, David Teillet, Dominique Grandjean, Serge Messager, Brigitte Huault-Delanoy, Pascal Delarue, Virginie Ménage, Justine Quemener, Thierry Meunier, Karine Martin-Laprade, Eva Quickert-Menzel, Caroline Hoffstetter, Audrey Delacroix, Marie Amachoukeli, Françoise Maurizot, Jean-Pierre Bailly, Vivien Aslanian, Romain Legrand.

Wir entschuldigen uns im Voraus bei denen, die wir auf dieser eilends zusammengestellten Liste vergessen haben!

BILDNACHWEIS

Thibaut Branquart: Tafel 1, 3, 4 unten, 6, 8 unten, 9, 10 unten, 11 unten, 12, 13, 14 / 15, 16 oben, 17, 19 unten, 20 / 21, 23 unten, 24, 25, 30, 31 unten, 32, 33, 34 unten, 35, 36 / 37, 38, 39 unten, 41, 43, 44, 45, 46 oben, 47 unten, 48 oben, 50, 51, 52 oben, 55, 57, 58 unten links und rechts, 59 oben, 61, 62 unten, 64

Thomas Bounoure: Tafel 34 oben, 47 oben

Alvaro Canovas / Paris Match: Tafel 27 unten, 28 / 29, 42 oben

Didier Langou: Tafel 48 unten, 49

Thierry Malty: Tafel 2, 4 oben, 7 oben, 16 unten, 19 oben, 22, 23 oben, 58 oben

Pierre Michaut: Tafel 10 oben, 11 oben

Pierre Petit / Paris Match: Tafel 5 unten, 18, 26, 27 oben, 31 oben, 62 / 63 oben, 63 unten

Marie Rouvillois: Tafel 8 oben

Sacha Romanoff: Tafel 46 unten, 59 unten

Nicolas Vanier: Tafel 5 oben, 7 unten, 39 oben, 40, 42 unten, 52 unten, 53, 54, 56

Pierre Vanier: Tafel 60

EINLADUNG ZU EINER REISE
IN DEN HOHEN NORDEN

Für alle, die den hohen Norden selbst erkunden wollen, sei es im Sommer mit dem Kanu oder im Winter mit dem Hundeschlitten: Nicolas Vanier und sein Expeditionsgefährte Alain Brenichot betreiben in der Provinz Quebec eine geeignete Einrichtung, das Camp des Écorces am Lac Coté. Hier, in der absolut traumhaften Landschaft der Peribronka-Berge, nehmen sie kleine Gruppen von vier bis sechs Personen auf. Nähere Auskünfte bei der Agentur DHD Laika Paris, Tel. + 33-(0)1/42 893 264, oder unter
www.nicolasvanier.com

MALIK

Nicolas Vanier

Das Schneekind – Das Album

Eine Familie unterwegs in den Schneewüsten des hohen
Nordens. Aus dem Französischen von Reiner Pfleiderer.
177 Seiten mit 150 Farbfotos. Gebunden

Eingemummelt in einen kleinen Biberpelz, an den Füßen
Stulpen aus Koyotenfell und Mokassins aus Robbenleder,
sitzt Montaine auf dem Hundeschlitten. Gerade zwei Jahre ist
sie alt, und nimmt teil am größten Abenteuer ihrer Eltern
Nicolas und Diane Vanier. Für ein Jahr lebt die Familie in der
einfachen, einsamen und archaischen Welt des hohen Nordens. Ganz allein auf sich gestellt müssen sie in der Wildnis
bestehen, was sie brauchen, aus der Natur gewinnen. Überleben heißt hier Einswerden mit der Natur.
Die kleine Montaine lernt fischen und paddeln, hilft Schneehühner rupfen und eine Blockhütte bauen und zu jeder Zeit
hat sie die gewaltige Natur vor Augen wie ein grandioses
Bilderbuch – mit Bären, Wölfen und Karibus, mit endlosen
Schneelandschaften, dunklen Wäldern und glitzernden
Seen ...

02/1042/02/R

PIPER

Nicolas Vanier
Der Sohn der Schneewüste

Roman. Aus dem Französischen von Reiner Pfleiderer.
509 Seiten. Serie Piper

Bei den Nahanni-Indianern, in den verschneiten Weiten
des hohen Nordens, westlich der mächtigen Rocky Mountains, lebt der 15jährige Ohio. Seine Stammesgenossen
jagen Elche und Karibus, um sich zu ernähren. Auch
Ohio zeigt schon jetzt großes Geschick in allem. Nur der
Medizinmann hat sich gegen ihn verschworen. »Aus ihm
spricht das Böse«, verkündet er. Und dann erfährt Ohio
ein streng gehütetes Geheimnis: Sein Vater war ein Weißer.
Von seinem Stamm verstoßen, in seiner Identität verunsichert, beschließt Ohio, sich auf die Suche nach den
eigenen Wurzeln zu machen. Er überquert mit seinem
Hundegespann die gefährlichen Rocky Mountains und
erreicht die Gegenden, wo der weiße Mann lebt. Aber was
er antrifft, enttäuscht ihn zutiefst. Erst als er der schönen
Mayoke begegnet, »Die mit den Blumen tanzt«, erkennt er
seinen Weg zum Glück.

01/1469/01/L

PIPER

Nicolas Vanier
Die weisse Odyssee

Aus dem Französischen von Reiner Pfleiderer.
320 Seiten mit 32 Seiten Farbbildteil. Serie Piper

In einer waghalsigen Unternehmung überwindet der Franzose Nicolas Vanier mit seinen Schlittenhunden endlose
Schneewüsten, Gletscher, vereiste Berge und Seen. Er gleitet durch Stille, Einsamkeit und die gefrorene Schönheit
der unberührten Wildnis. Es ist ein Kampf um Bewährung
in einer harten und unerbittlichen Natur, aber auch eine
Liebeserklärung an diese grandiose Winterlandschaft.
Ganz Nordamerika verfolgt gebannt das Hundeschlittengespann auf seinem Weg quer durch Alaska und Kanada.
Entlang der Strecke finden sich Einheimische und Trapper,
die den Hundeschlittenpiloten unterstützen und immer
wieder begeistert anfeuern. Und er schafft, was kaum
möglich erschien: Nach 99 Tagen und 8600 Kilometern
erreicht er sein Ziel auf der anderen Seite des Kontinents.
Die Geschichte einer unerschütterlichen Freundschaft zwischen einem Menschen und seinen Hunden, die sich in der
Auseinandersetzung mit einer gnadenlosen Natur bewährt.

01/1226/01/R

PIPER

Mike Horn
Breitengrad Null

Auf dem Äquator um die Welt. Aus dem Französischen von
Enrico Heinemann. 296 Seiten mit 8 Seiten Farbbildteil.
Serie Piper

Dem Äquator zu folgen, das heißt Abenteuer ohne Kompro-
misse: ohne Umwege Wüsten und Gebirge, Dschungel und
Sümpfe zu bezwingen – und drei Weltmeere. Den Atlantik, Pa-
zifik und Indischen Ozean überquert Mike Horn in einem
kleinen Trimaran. Auf dem Landweg kämpft er sich durch, zu
Fuß und mit dem Rad: 17000 Kilometer durch Südame-
rika, Afrika und Asien. In nur 17 Monaten umrundet er so die
gesamte Erde. Und trotzt allen Gefahren, die sich ihm in
den Weg stellen: Ein Wirbelsturm mitten im Atlantik, die Auseinandersetzung mit wilden Tieren (nicht immer erfolgreich: nur knapp überlebt er den Biß einer Giftschlange), die
Gefangennahme durch marodierende Banden in Afrika.
»Daß ich überhaupt lebend zurückgekommen bin, ist ein
Glücksfall«, sagt Mike Horn.

01/1526/01/L

PIPER

Matthias Schepp
Gebrauchsanweisung für Moskau

224 Seiten. Gebunden

Moskau für Einsteiger und Fortgeschrittene: Matthias Schepp
zeigt uns, wie Russen ihre Kinder erziehen. Welche Geheimnisse auf dem Roten Platz zu entdecken sind. Warum der
Straßenverkehr wie ein Brennglas den Charakter der Moskauer aufscheinen lässt. Worin sich die heiße Club- und Dis-
koszene von der in Barcelona oder Berlin unterscheidet.
Wie die Moskauer heiraten und wie sie ihre Toten ehren. Wie
sich die Stadt zwischen Stalin-Wolkenkratzern, Plattenbau-
ten und Adelspalästen neu erschafft. Warum Inseln und
Schlösser auf Moskaus Millionärsmesse der Renner sind.
Wie die orthodoxe Kirche ihre Macht ausübt. Was man beim
Wodkatrinken wissen sollte und weshalb Sie in der Banja,
der russischen Sauna, unbedingt einen Filzhut tragen müssen.

01/1738/01/R

FINNLAND

20° 30° 40° 50° 60°

Uglitsch
Rybinsk
Wologda
Kotlas
Uchta
Wuktyl
Saranpaul
Beresowo
Igrim

Moskau
Ziel

Ural

Tobol

Ob

0   500   1000 Km